COLLECTION

DES

MORALISTES ANCIENS.

MORALE DE SÉNEQUE.

TOME SECOND.

COLLECTION

DES

MORALISTES ANCIENS,

DÉDIÉE AU ROI.

A PARIS,

Chez DIDOT L'AÎNÉ, Imprimeur du Clergé,
en furv. rue Pavée S. A.

Et DE BURE L'AÎNÉ, Quai des Auguftins.

M. DCC. LXXXII.

MORALE

DE

SÉNEQUE,

EXTRAITE DE SES ŒUVRES

PAR M. N.

———

TOME SECOND.

MORALE

DE

SÉNEQUE.

I.

La morale profite plus quand elle s'infinue dans l'ame par pensées détachées : ces discours d'appareil débités en préfence d'un peuple nombreux font plus de bruit & moins d'effet. La Philofophie eft le confeil de l'homme ; & ce n'eft pas à haute voix qu'on donne des confeils.

Tome II.   A

I I.

LES abrégés sont plus nécessaires aux commençants, parcequ'ils instruisent ; les sommaires sont plus commodes pour les savants, parcequ'ils rappellent.

I I I.

LA reconnoissance que nous avons pour nos instituteurs, nous la devons à ces instituteurs du genre humain qui nous ont ouvert la route du bonheur. Quel héritage ils ont laissé aux hommes ! J'en veux prendre possession : c'est pour moi qu'ils ont acquis ; c'est pour moi qu'ils ont travaillé. Mais agissons en bons peres de famille : augmentons notre patrimoine, & ne le transmettons pas sans accroissement à nos neveux. Il reste encore & restera beaucoup à faire : dans mille siecles, il manquera encore quelque pierre à l'édifice. Mais quand même les Anciens auroient tout découvert, l'application, la connoissance, l'arrangement de leurs découvertes, seroient toujours des objets nouveaux.

IV.

Un héros peut sortir d'une chaumiere ; & la plus belle ame, d'un corps difforme & cassé. Il me semble que la Nature a produit exprès quelques hommes pour prouver que la vertu naît par-tout.

V.

Si la vie la plus longue n'est pas toujours la meilleure, la mort la plus longue est toujours la plus fâcheuse.

A ij

V I.

CELUI qui conſent à vivre quand
il prévoit que, trois ou quatre jours
après, ſon ennemi aura le pouvoir
de le faire mourir, travaille vraiment pour un autre.

V I I.

LA mémoire, comme les livres
qui reſtent long-temps enfermés
dans la pouſſiere, demande à être
déroulée de temps en temps ; il faut,
pour ainſi dire, en ſecouer tous les
feuillets, afin de les trouver en état
au beſoin.

V I I I.

QUICONQUE penſe à recevoir,
oublie qu'il a reçu. Le plus grand
mal de la cupidité, c'eſt l'ingratitude. Ajoutez que de tous les hommes qui jouent un rôle dans l'État,

il n'y en a pas un qui ne regarde
plutôt ceux qui l'ont devancé, que
ceux qu'il laisse en arriere : il leur
est moins agréable de voir une foule
qui les suit, qu'importun de voir
quelqu'un qui les précede. C'est le
vice de tout ambitieux, de ne pas
regarder derriere lui : l'ambition
n'est pas la seule passion sans bornes ; elles le sont toutes, parceque
toutes commencent par la fin.

I X.

ON a tort de regarder les Philosophes de bonne foi comme des mé-
contents & des séditieux, des con-
tempteurs des loix, des magistrats,
& de tous ceux qui président à l'ad-
ministration publique. Personne,
au contraire, n'est plus reconnoissant qu'eux envers les gens en place ;

A iij

& avec d'autant plus de raison, qu'il n'est point de citoyens pour lesquels ceux qui tiennent en leurs mains les rênes du gouvernement travaillent plus que pour les Philosophes, qu'ils font jouir des douceurs du repos. Des hommes à qui la sécurité publique procure un accès facile vers la sagesse qu'ils cherchent, se font un devoir d'honorer comme un pere l'auteur d'un si grand bien, & l'aiment plus sincèrement que ces courtisans inquiets, placés au milieu du tourbillon, qui doivent tout aux Princes, & les croient toujours en reste avec eux, & dont on ne peut jamais, quelque étendue que l'on donne à sa libéralité, assouvir la cupidité qui s'accroît à mesure qu'on la satisfait.

Le Sage songe donc à qui il doit l'usufruit de ces biens qui le dispensent de la garde des murs, des tributs de la guerre, de toutes les autres charges qu'impose le devoir de citoyen ; il songe à toutes ces obligations, & rend graces au Pilote qui le conduit. C'est sur-tout la Philosophie qui apprend à sentir un bienfait, à le reconnoître ; & quelquefois c'est le payer, que de l'avouer. Le Sage avouera donc qu'il doit beaucoup à l'homme vigilant dont les soins & la prévoyance lui assurent un repos favorable aux productions de son génie, la jouissance libre de son temps, un calme que ne troublent pas les occupations publiques.

X.

La paix que procure le Souve-

rain , quoiqu'un bienfait commun
à tous les sujets , fait une impression plus profonde sur ceux qui en
font le meilleur usage.

X I.

C'EST la folle avarice des hommes , qui , en distinguant les possessions & les propriétés , fait que personne ne regarde comme à soi ce
qui appartient au public. Le Sage ,
au contraire , ne trouve rien qui soit
plus proprement à lui , que ce qu'il
partage avec le genre humain. Des
biens ne seroient pas communs , si
chaque particulier n'en avoit une
partie ; la communauté établit toujours un partage , quelque foibles
que soient les portions des individus : mais les biens indivisibles , tels
que la paix & la liberté , ne peuvent

se partager ; les particuliers jouissent de la totalité comme le public.

XII.

LES hommes les plus voisins de la chûte du tonnerre demeurent immobiles, comme s'ils avoient été frappés. Il en est de même dans les événements & les catastrophes violentes ; le malheur n'écrase qu'un seul, & la crainte, les autres.

XIII.

IL n'y a de vrais biens que ceux que la raison procure ; ils sont solides & durables ; ils ne peuvent ni périr, ni décroître, ni diminuer : les autres biens ne le sont que dans l'opinion ; ils n'ont de commun avec les vrais que le nom, leur essence en differe absolument. Appellons-les donc des commodités ; mais

sachons que ce sont des acceſsoires,
& non pas des parties de nous-mêmes : qu'ils ſoient à nous ; mais
n'oublions pas qu'ils sont hors de
nous.

XIV.

IL y a peu de gens qui ſe ſoient
séparés à l'amiable de la fortune :
ils tombent preſque tous en même
temps que les objets ſur leſquels ils
s'étoient élevés ; leur piédeſtal devient leur tombeau. Il faut donc y
joindre la prudence pour en diriger
l'uſage, & pour en modérer l'abus.

XV.

TOUTES les actions de la vie entiere ne sont modifiées que par la
conſidération de l'honnêteté ou de
la honte qui en réſulte. C'eſt ſur
cette regle que ſe fonde la diſtinc-

tion de ce qu'il faut faire & de ce
qu'il faut omettre.

XVI.

Il n'en est pas de la Philosophie
comme de bien d'autres sciences
qu'il suffit de confier à sa mémoire :
il faut la mettre en pratique. L'homme heureux n'est pas celui qui sait,
mais qui fait.

XVII.

Quoiqu'après la mort l'ame
sortie de la sphere humaine ne recueille aucun fruit de son action,
néanmoins, avant de la faire, la contemplation des suites qu'elle aura
est un spectacle délicieux. Quand
l'homme courageux & juste se re-
présente que les fruits de sa mort
seront la liberté de sa patrie, la conservation de tous ceux auxquels il

fait le ſacrifice de ſa vie, il jouit de la volupté la plus pure.

XVIII.

La ſource de nos erreurs & de nos illuſions vient de ce que ce n'eſt jamais l'homme lui-même que nous jugeons : nous lui joignons toujours les ornements dont il eſt décoré. Quand vous voudrez connoître la juſte meſure & les vraies proportions d'un homme, voyez-le nu ; qu'il ſe dépouille de ſon patrimoine, de ſes dignités, de toutes les illuſions de la fortune ; qu'il ſe dépouille de ſon corps même : c'eſt ſon ame ſeule qu'il faut conſidérer, dont il faut prendre les dimenſions, afin de diſtinguer la grandeur propre, de celle qui n'eſt qu'empruntée.

XIX.

UN jeune Lacédémonien ayant été fait prisonnier dans un âge tendre, crioit en son langage dorique : « Non, je ne serai point esclave. » Il tint parole. A la premiere fonction servile & avilissante qu'on exigea de lui, il se cassa la tête contre le mur. La liberté est sous la main ; comment se trouve-t-il des hommes qui consentent à être esclaves ?

XX.

CÉSAR, passant un jour par la voie latine, fut abordé par un soldat de sa garde, qui, baissant sur sa poitrine sa barbe blanche, lui demanda la mort. Est-ce que tu vis ? lui dit le Prince.

On devroit faire la même réponse à tous ces hommes inutiles

pour qui la mort seroit un vrai sou-
lagement. Tu crains de mourir !
Est-ce que tu vis ?

XXI.

LA vie languiroit dans une iner-
tie continuelle, s'il falloit renoncer
à tout ce qui peut ne pas réussir.

XXII.

LES sentiments du bienfaiteur
doivent régler ceux du débiteur :
ce n'est pas le bienfait qu'on pese,
c'est l'intention.

XXIII.

UNE erreur des ingrats, c'est de
croire que l'usufruit d'un bienfait
doit être gratuit, tandis qu'ils paient
à leurs créanciers des intérêts, sans
préjudice du capital. Les bienfaits
ont aussi leurs intérêts ; on a plus à
payer quand on paie plus tard. Il y

a de l'ingratitude à rendre un bienfait sans arrérages.

XXIV.

R I E N de plus commun que des
gens qui regardent comme impos-
sible tout ce qu'ils ne peuvent faire ;
qui nous accusent de donner des
préceptes trop durs, de tenir un langage outré , & peu fait pour la nature humaine. Que j'ai meilleure
idée d'eux ! tout ce que nous disons,
ils peuvent le faire ; mais ils ne le
veulent pas. Qu'ils me citent un
homme dont les tentatives aient été
infructueuses, & qui n'ait pas trouvé nos préceptes plus faciles dans la
pratique. Ce n'est point parcequ'ils
sont difficiles, que nous n'osons pas
les tenter ; c'est parceque nous n'o-
sons pas, qu'ils sont difficiles. Nous

B ij

défendons nos vices, parceque nous leur ſommes attachés ; nous aimons mieux les excuſer que les chaſſer. La Nature donne à l'homme aſſez de forces, s'il vouloit en uſer, les raſſembler, & s'en ſervir pour ſe défendre, ou du moins n'en pas abuſer pour ſe perdre. Le défaut de volonté eſt la vraie raiſon ; le défaut de pouvoir eſt le prétexte.

X X V.

LA juſtice n'eſt pas toute au profit des autres, comme on le croit ordinairement : la plupart des avantages qu'elle procure refluent ſur elle. Il en eſt de même de la bienfaiſance ; en obligeant les autres, on s'oblige ſoi-même.

X X V I.

CE n'eſt que la partie la plus foi-

ble & la plus légere de la méchanceté, qui rejaillit fur les autres : ce
qu'elle a de pire, &, pour ainfi dire,
de plus épais, refte au fond de l'ame
du méchant, & fert à l'étouffer.

X X V I I.

La lecture eft l'aliment de l'efprit ; elle le délaffe des fatigues de
l'étude, quoiqu'elle foit une étude
elle-même. Il ne faut pas fe borner
à écrire ou à lire uniquement : l'une
de ces occupations attrifte & épuife ;
je parle de la compofition : l'autre
énerve l'efprit, & le relâche. Il faut
faire l'un & l'autre tour-à-tour. Ils
doivent fe fervir de correctif : ce
que la lecture a recueilli, la compofition doit le rédiger.

X X V I I I.

Une union inviolable fubfifta

B iij

parmi les hommes jusqu'au temps
où l'avarice vint rompre les liens de
la société, & devint une source de
pauvreté pour ceux mêmes qu'elle
avoit enrichis. On ne posséda avec
sécurité que quand les possessions
furent communes : on cessa de posséder tout, quand on commença
d'aspirer à la propriété.

XXIX.

LA vertu n'est pas un présent de
la Nature : c'est un art, que de devenir vertueux. Les premiers hommes
ne l'étoient que par l'ignorance du
mal. Mais il y a une grande différence entre ne vouloir pas le mal, &
ne savoir pas le faire.

XXX.

MÉCENE a dit très bien : « Je
« ne m'embarrasse point de mon

« tombeau ; la Nature prend soin
« d'ensevelir les cadavres oubliés. »
On croiroit que cette maxime est
d'un Stoïcien.

X X X I.

QUEL est l'homme qui puisse se
dire innocent d'après toutes les loix ?
& quand cela seroit, combien est
bornée une vertu qui se réduit à
l'observation de la loi ! combien la
sphere des devoirs n'est-elle pas plus
étendue que celle du droit ! combien
l'affection naturelle, l'humanité, la
libéralité, la justice, la bonne foi,
n'exigent-elles pas de choses dont
les tables de la loi ne font nulle
mention !

X X X I I.

L'HABITUDE inspire à la longue
l'amour du vice comme de la vertu.

XXXIII.

CE n'est pas aux fautes qu'en veulent la plupart des hommes, mais à ceux qui les commettent.

XXXIV.

COMBIEN de gens mentent pour tromper! combien d'autres, parcequ'ils ont été trompés!

XXXV.

C'EST un homme de bien qui vous a fait une injure; ne le croyez pas: c'est un méchant; n'en soyez pas surpris. Un autre le punira pour vous, & il s'est déjà puni par le mal qu'il a fait.

XXXVI.

IL n'y a pas la même gloire à payer les injures par des injures, qu'à payer les bienfaits par des bienfaits: au contraire il est honteux de

l'emporter dans le premier cas, comme d'être furpafsé dans le fecond.
La vengeance eft contraire à l'humanité, quoiqu'en apparence conforme à la juftice : elle ne differe de
l'outrage que par l'ordre du temps :
celui qui fe venge n'a que l'avantage de mal faire d'une façon plus
excufable.

XXXVII.

Tous les hommes ont au fond
les mêmes idées que les Rois : ils
veulent pouvoir tout contre les autres, & qu'on ne puifse rien contre
eux.

XXXVIII.

Le plus grand vice des hommes
rendus infolents par une haute fortune, c'eft de joindre la haine à
l'offenfe.

XXXIX.

ON connoît le mot de ce courtisan qui avoit vieilli au service des Rois : quelqu'un lui demandoit comment, vivant à la Cour, il étoit parvenu, contre l'ordinaire, à un âge aussi avancé : « C'est, dit-il, en re-
« cevant des outrages, & en remer-
« ciant (1). »

XL.

ON prend insensiblement les défauts de ceux qu'on fréquente ; & les affections de l'ame, de même que certaines maladies du corps, se gagnent par contagion.

---

(1) Ce mot est très conforme à celui qu'on rapporte du Duc d'Orléans, Régent de France, qui disoit qu'un parfait courtisan devoit être sans honneur & sans humeur.

XLI.

LA puissance ne peut être dura-
ble, quand elle ne s'exerce que pour
le malheur des peuples ; un moment
arrive, où ceux qui gémissoient sé-
parément sont réunis par une crainte commune : aussi la plupart de ces
tyrans ont été égorgés , les uns par
des particuliers , les autres par la
nation en corps qui rassembloit le
ressentiment général.

XLII.

CALIGULA est le seul monstre
qui ait imaginé de fermer avec une
éponge la bouche des suppliciés,
pour leur ôter la faculté de proférer
une seule parole. Avoit-on jamais
privé un mourant du pouvoir de se
plaindre ! Il craignoit que dans ces
derniers moments la douleur ne s'ex-

primât avec trop de liberté. Tyran
farouche! permets au moins à tes
victimes de rendre le dernier soupir:
laisse une issue à leur ame; qu'elle
sorte par une autre voie que par des
blessures.

XLIII.

QUOI de plus inoui qu'un supplice nocturne! Ce sont les assassinats
que l'on ensevelit dans les ténebres;
mais les châtiments sont d'autant
plus utiles pour l'exemple & la ré-
forme des mœurs, qu'ils sont plus
notoires.

XLIV.

DEUX sentinelles, qui étoient en
faction à l'entrée de la tente d'Antigone, faisoient ce qu'on fait avec
le plus de plaisir, mais aussi avec le
plus de danger, lorsqu'on est mé-

content de son Roi. Antigone avoit
tout entendu, n'étant séparé d'eux
que par une tapisserie, qu'il leva
doucement, en leur disant : « Eloi-
« gnez-vous un peu, de peur que le
« Roi ne vous entende. »

Le même Prince, ayant entendu
une nuit quelques uns de ses sol-
dats faire mille imprécations contre
le Roi, qui les faisoit marcher par
un chemin fangeux d'où ils ne pouvoient se tirer, s'approcha de ceux
qui étoient les plus embourbés, &
les aida à se débarrasser sans qu'ils
sussent à qui ils en avoient obligation : « A présent, dit-il, maudissez
« tant que vous voudrez Antigone,
« pour vous avoir conduits dans le
« bourbier, mais sachez gré à celui
« qui vous en a tirés ». Imitons ces

exemples de douceur & de modération donnés par des hommes qui ne
manquoient ni de raisons pour se
mettre en colere, ni de pouvoir pour
se venger.

XLV.

Les mots hardis sont ceux qui
circulent le plus promptement, &
sont les plus répétés.

XLVI.

Si les plus sages mêmes commettent des fautes, quel est l'homme
dont les erreurs ne soient pas excu-
sables ? Soyons donc plus tolérants
les uns à l'égard des autres : rien de
plus injuste que de rendre les individus responsables des vices de l'ei-
pece. Méchants nous-mêmes, sachons vivre avec les méchants. Une
seule chose peut nous rendre la

tranquillité, c'est un traité d'indulgence mutuelle.

XLVII.

Il n'y a pas de bonheur pour celui que tourmente l'idée d'un bonheur plus grand. Considérez plutôt
la multitude qui vous suit, que le
petit nombre qui vous précede.

XLVIII.

Quand quelqu'un nous devance, nous ne songeons pas à cette
foule de malheureux qui se traîne
derriere nous, & qui porte envie à
notre bonheur. Telle est l'injustice
des hommes ; quoique redevables
de beaucoup, ils regardent comme
une injure d'avoir pu recevoir davantage.

XLIX.

C'est l'argent qui surcharge le

Barreau d'une foule de plaideurs, qui creuse les yeux de l'avare, qui met les peres aux prises avec leurs enfants, qui occasionne les empoisonnements, qui arme du glaive & les assassins & les légionaires : c'est l'argent qui est le plus souvent arrosé de notre sang ; c'est pour lui que les nuits des maris & des femmes sont troublées par de cruelles dissentions ; c'est pour lui qu'on s'empresse autour des tribunaux. Si les Rois deviennent des brigands sanguinaires, s'ils renversent des villes élevées par les travaux d'un grand nombre de siecles, c'est pour chercher l'or & l'argent dans les cendres fumantes des cités.

L.

LE pythagoricien Sextius, à la fin

de la journée, retiré dans sa chambre à coucher, faisoit subir à son ame un interrogatoire. « De quel « défaut, disoit-il, t'es-tu guérie « aujourd'hui ? quelle passion as- « tu combattue ? en quoi vaux-tu « mieux » ? Est-il rien de plus louable que cette coutume de repasser ainsi sa journée ? Quel sommeil, que celui qui succede à cet examen !

J'exerce de même sur moi cette fonction de magistrat, & je plaide tous les jours à mon propre tribunal. Quand ma lumiere est emportée, quand ma femme, instruite de ma pratique, garde le silence, je passe en revue ma journée ; je reviens sur toutes mes paroles & mes actions ; je ne me cache rien ; je ne me pardonne rien. Eh ! pourquoi

craindrois-je de m'avouer mes fautes, lorsque je puis me dire : « Prends
« garde de recommencer, je te le
« passe pour cette fois. Tu as mon-
« tré trop d'opiniâtreté dans cette
« dispute. Ne te mesure plus désor-
« mais avec des ignorants ; on ne
« veut point apprendre, quand on
« n'a jamais appris. Tu as repris tel
« homme avec plus de liberté que
« tu ne devois ; tu l'as choqué,
« au lieu de le corriger : songe, à
« l'avenir, moins si ce que tu dis est
« vrai, que si celui à qui tu parles
« est capable de profiter d'une leçon
« utile : on ne doit la vérité qu'à
« ceux qui la veulent entendre. »

LI.

SOYONS en paix avec nous-mêmes, sans nous embarrasser de la

réputation : confentons qu'elle foit mauvaife, pourvu que nous en méritions une bonne.

LII.

L'EXCÈS du bonheur rend l'homme avide ; les defirs ne font jamais affez réglés pour ceffer au moment de la jouiffance ; les vœux vont toujours en avant, & l'acquifition d'un bien inattendu ne produit que les plus folles efpérances.

LIII.

L'ATTACHEMENT des fujets eft la garde nocturne qui défend le fommeil du Prince ; leurs perfonnes forment un rempart autour de la fienne, un mur fans ceffe élevé entre lui & le danger.

LIV.

LA cruauté dans les particuliers

fait peu de tort; dans les Princes,
elle ne differe pas de la guerre.

LV.

QUOI de plus louable qu'un
Prince qui, mettant un frein à sa
colere, se dit à lui-même : Il n'y a
personne qui ne puisse tuer contre
la loi; je suis le seul qui puisse sau-
ver malgré elle!

LVI.

ON peut ôter la vie à son supérieur, on ne la donne jamais qu'à
son inférieur.

LVII.

ON ne se rend jamais plus difficile pour accorder un pardon, que
quand on a été plus souvent dans
le cas de le solliciter.

LVIII.

DANS l'homme qui peut tout,

on envisage moins ce qu'il a fait,
que ce qu'il auroit pu faire.

LIX.

Il n'y a que trop de gens qui se
chargent de la colere du Prince, &
qui lui font la cour avec le sang
d'autrui.

LX.

Le tyran ne regarde pas sans
effroi les bras mêmes auxquels il
s'est confié : sa précaution est pour
lui une terreur de plus. Il veut être
craint parcequ'on le hait : il ne sait
pas que la haine poussée à l'excès
se convertit en fureur. Une crainte
modérée retient les courages ; mais
quand elle est continuelle, vive,
accompagnée du tableau des derniers supplices, elle releve les ames
abattues, & les porte à tenter toutes

les reſſources. Il faut que la crainte
laiſſe quelque sécurité, & faſſe en-
viſager plus d'eſpoir que de danger;
ſans quoi, s'il y a le même péril à
ſe tenir tranquille, on aime mieux
alors l'affronter & attenter à la vie
du tyran.

LXI.

Un Prince dont l'accueil eſt af-
fable & l'accès facile, dont l'exté-
rieur, fait pour gagner le peuple,
annonce la bienveillance; qui dé-
fere aux demandes équitables, & ſe
refuſe aux prétentions iniques : un
tel Prince eſt chéri, défendu, reſ-
pecté de la République entiere. On
parle de lui dans les entretiens particuliers, ſur le même ton que dans
les aſſemblées publiques. Sous ſon
regne on deſire des enfants ; la ſté-

rilité, compagne des maux publics,
disparoît : chacun croit bien mériter de ses enfants en les mettant au
jour dans un siecle aussi heureux.
Un tel Prince est gardé par ses bienfaits, il n'a pas besoin de satellites ;
les armes ne sont pour lui qu'un ornement.

LXII.

Les titres de grand, d'heureux,
d'auguste, de Pere de la patrie, &c.
tous les surnoms enfin que la flatte-
rie prodigue si lâchement aux Sou-
verains, ne sont que des titres pu-
rement honorifiques.

LXIII.

Qui condamne promptement
est bien près de condamner avec
plaisir : l'excès de sévérité ressemble
beaucoup à l'injustice.

LXIV.

LE témoignage de la conscience suffit aux particuliers contre les interprétations de la malignité; mais les Princes doivent des égards à la renommée.

LXV.

IL n'est pas possible qu'on ne craigne à proportion qu'on se fait craindre. Ne croyez pas qu'il y ait de sûreté pour un Roi qui n'en laisse à personne. La seule forteresse inexpugnable est l'amour des peuples.

LXVI.

ON a perdu la vie, lorsqu'on est obligé de la recevoir.

LXVII.

LES fautes qu'on punit souvent sont souvent commises. La multitude des coupables accoutume à le devenir; la flétrissure est moins sensible quand elle est plus commune : la sévérité même perd son principal avantage ; sa continuité la rend moins imposante.

LXVIII.

UN Prince réussit mieux à rétablir les mœurs & à réprimer les vices, avec de la patience, en paroissant, non pas approuver les désordres, mais se porter malgré lui à les punir. La clémence du Souverain rend les fautes plus honteuses ; & la punition paroît bien plus grave quand elle est infligée par un juge porté à la douceur.

LXIX.

ON loue communément la compassion comme une vertu, & l'on donne le titre de bon à un homme

Tome II. D

compatissant. La compassion est
pourtant un défaut réel ; c'est le
vice d'une ame foible qui succombe
au spectacle du malheur d'autrui :
voilà pourquoi elle se trouve assez
communément, même dans les
hommes les plus vicieux. La cruauté
& la compassion sont sur les limites,
l'une de la sévérité, l'autre de la
clémence. Nous devons nous garantir de l'une comme de l'autre,
de peur de donner dans la cruauté
sous l'apparence de la sévérité, &
dans la compassion sous l'apparence
de la clémence. Dans le second cas
le risque est moindre ; mais l'éga-
rement est le même lorsqu'on s'é-
carte de la vérité.

L X X.

Le grand nombre des supplices

fait autant de déshonneur à un Prince, que celui des funérailles en fait
à un Médecin.

LXXI.

LES ordres les plus doux sont les
plus promptement exécutés : l'esprit
humain est naturellement indocile,
la défense est pour lui un aiguillon ;
il aime mieux suivre que d'être entraîné de force, & se montre d'autant plus souple qu'on le mene plus
doucement.

LXXII.

LES larmes des plus grands scé-
lérats font une impression si forte
sur les vieilles & les femmelettes,
que, si elles osoient, elles iroient
enfoncer les portes de leur prison.
La compassion considere, non la
cause, mais l'état de celui qui souf-

fre ; au lieu que la clémence est gui-
dée par la raison.

LXXIII.

L'HABITUDE se change en nature ; & l'on fait à la longue avec
plaisir ce qu'on faisoit d'abord par
nécessité.

LXXIV.

IL y a plus de risque à être craint
qu'à être méprisé. Tout ce qui ef-
fraie doit trembler.

LXXV.

DANS les études, on ne doit
s'occuper que des choses, ne parler
que pour elles, y subordonner les
expressions, qui doivent, sans art,
suivre la pensée par-tout où elle les
mène.

LXXVI.

IL y a des hommes que la paresse,

plutôt que la raison, préserve de l'inconstance ; ils vivent, non comme ils veulent, mais comme ils ont commencé.

LXXVII.

Nous nous perdons autant par nos propres flatteries, que par celles des autres.

LXXVIII.

Le repos & les occupations de la retraite sont incompatibles avec le goût des affaires publiques, avec le besoin d'agir & l'inquiétude naturelle qui en est la suite. On trouve peu de consolation en soi-même, privé des plaisirs momentanées que l'occupation même procure aux gens en place ; on ne s'accommode point de sa maison, de sa solitude, de sa prison : de là cet ennui, ce dégoût de soi-même, cette rotation continuelle d'un esprit qui ne peut se fixer, enfin la douleur & l'amertume d'une retraite involontaire. Le comble du malheur est qu'on n'ose avouer son mal ; la honte enfonce les plaintes dans l'intérieur de l'ame.

LXXIX.

L'OISIVETÉ produite par le malheur alimente continuellement l'envie ; on desire la chûte des autres, parcequ'on n'a pu s'élever soi-même.

LXXX.

CE n'est pas seulement en défendant les accusés, en opinant pour la paix ou la guerre, qu'on est utile à sa patrie. L'homme qui instruit la jeunesse, qui lui inspire l'amour de la justice, la patience, le courage, le mépris de la mort ; qui, dans la disette où nous vivons de préceptes salutaires, forme les ames à la vertu ; qui, en saisissant & en arrêtant dans leur course les avares & les débauchés, retarde au moins leur chûte pour quelque temps ; un tel homme, même dans une condition privée, travaille pour le public.

LXXXI.

Au milieu des brigues & des cabales de l'ambition, parmi cette foule de calomniateurs qui empoisonnent les actions les plus honnêtes, la droiture a trop de risques à courir ; elle rencontre plus d'obstacles, que de moyens de réussir.

LXXXII.

Le temps est un bien dont on est

économe ou prodigue : les uns sont en état de rendre compte de l'emploi qu'ils en ont fait ; il ne reste à d'autres rien qui puisse justifier leur dépense. Aussi je ne trouve rien de plus honteux qu'un vieillard qui n'a d'autres preuves d'avoir long-temps vécu, que son âge.

LXXXIII.

IL faut juger les entreprises que nous tentons, & comparer nos forces avec nos projets : la puissance doit toujours être plus forte que la résistance.

LXXXIV.

IL n'est rien de plus délicieux qu'une amitié douce & fidele. Quel bonheur de trouver un homme dans le sein duquel nous puissions déposer en sûreté tous nos secrets, sur la

discrétion duquel nous comptions
encore plus que sur la nôtre ! un
homme dont la conversation sou-
lage nos inquiétudes, dont les avis
nous décident pour le parti le plus
sage, dont la gaieté dissipe notre tris-
tesse, dont enfin la vue seule nous
réjouisse !

LXXXV.

La vraie mesure de la richesse
est de n'être ni trop près ni trop
loin de la pauvreté.

LXXXVI.

Sans l'économie il n'y a point
de richesses assez grandes : avec elle
il n'y en a pas de trop petites.

LXXXVII.

Tous les états sont autant d'es-
clavages. Il faut donc se faire à son
sort, s'en plaindre le moins possi-

ble, & saisir tous les avantages qui peuvent l'accompagner. Il n'y a pas de condition si dure où la raison ne trouve quelque consolation.

LXXXVIII.

L'INCONSTANCE est de tous les vices le plus ennemi du repos.

LXXXIX.

CE sont deux excès également contraires au bonheur, que l'impossibilité de changer, & celle de se fixer.

XC.

IL faut nous accoutumer à ne pas voir en noir, mais en ridicule, les vices de la multitude : il vaut mieux imiter Démocrite qu'Héraclite.

XCI.

NE voyons que la moitié des vices, & supportons-les avec indul-

gence. Il y a plus d'humanité à se
moquer des hommes qu'à en gémir.
Ajoutez qu'on leur est aussi plus
utile : celui qui rit laisse au moins
quelque espérance ; il ne voit dans
tout cet appareil de la vie humaine
rien d'important, rien de grand,
rien même de sérieux. Cependant
il vaut mieux voir sans émotion les
mœurs publiques & les vices des
hommes, sans en rire ni en pleurer. On est dupe de se tourmenter
pour les maux des autres : il y a de
l'inhumanité à s'en amuser.

X C I I.

La plupart des hommes versent
des larmes pour les montrer : ils ont
les yeux secs quand ils n'ont point
de spectateurs, & se croiroient dés-
honorés de ne pas pleurer quand

tout le monde pleure. La mauvaiſe
habitude de ſe régler ſur l'opinion
eſt tellement enracinée, que l'on
contrefait juſqu'au ſentiment le plus
naturel, je veux dire celui de la douleur.

XCIII.

SONGEONS à ne point imiter les
troupeaux, qui ſuivent toujours la
file, & à ne pas marcher où nous
voyons plutôt qu'où nous devons
aller. La ſource de nos plus grands
maux, c'eſt que nous nous réglons
ſur les bruits publics; nous ne re-
gardons comme eſtimable que ce
qui a l'approbation univerſelle, &
ce qui eſt autoriſé par un grand
nombre d'exemples : ainſi nous ne
vivons pas d'après les principes de
la raiſon, mais nous imitons les

autres ; par là nous ne faiſons que tomber entaſsés les uns ſur les autres.

XCIV.

ON ne s'égare jamais tout ſeul : on devient l'auteur & la cauſe des égarements d'autrui.

XCV.

CE n'eſt jamais ſans conséquence qu'on ſe met à la suite de la multitude. On aime mieux croire, que juger ; l'on vit ſur parole, au lieu de conſulter la raiſon : nous ſommes les jouets & les victimes d'erreurs tranſmiſes de mains en mains ; les exemples d'autrui nous perdent. Pour nous guérir, il faut nous ſéparer de la foule. Le genre humain n'eſt pas aſsez heureux pour que le parti le plus ſage ſoit celui du plus grand nombre : la foule annonce toujours l'erreur.

XCVI.

LA cruauté naît toujours de la foiblesse.

XCVII.

ON n'est point heureux hors de la route du vrai : le bonheur doit donc avoir pour base un jugement droit, sûr, immuable.

XCVIII.

LA continuité de l'infortune procure au moins un avantage ; c'est qu'à force de tourmenter elle finit par endurcir.

XCIX.

UNE bonne marâtre coûte toujours bien cher.

C.

JE ne me suis jamais fié à la For-

tune, lors même qu'elle paroiſsoit
me laiſser en paix. Tous les avantages que ſa faveur m'accordoit, ſes
richeſses, ſes honneurs, ſa gloire,
je les ai placés de maniere qu'elle
pût les reprendre ſans m'ébranler :
j'ai toujours laiſsé entre eux & moi
un grand intervalle; auſſi la Fortune
me les a ravis ſans me les arracher.
On n'eſt accablé de la mauvaiſe fortune, que quand on a été dupé par
la bonne.

C I.

On n'eſt mépriſé par les autres,
que lorſqu'on a commencé par ſe
mépriſer soi-même.

C I I.

Rien ne ſuffit à la cupidité ; peu
de choſe ſuffit à la nature : tout ce
qu'elle a rendu néceſsaire à l'hom-

me, elle l'a rendu facile à trouver.
Il faut aussi peu pour couvrir le
corps que pour le nourrir. Tout
desir ultérieur est le cri du vice &
non pas du besoin.

CIII.

La chasteté est le plus bel ornement des femmes : c'est la seule
beauté qui résiste aux injures des
ans.

CIV.

Toutes les fois qu'une douleur
immodérée s'emparera de vous &
vous fera la loi, songez à votre
pere; & vous sentirez qu'il est plus
juste de vous conserver pour lui,
que de vous sacrifier pour l'objet de
vos pleurs & de vos regrets. Le soin
de lui faire terminer doucement sa
carriere est un devoir qui vous reste

à remplir. Tant qu'il vit, ce seroit
un crime à vous de vous plaindre
d'avoir trop vécu.

CV.

Tous les Poetes ont chanté celle
qui s'est offerte à la mort à la place
de son mari ; il est plus beau de s'y
offrir pour lui procurer la sépulture.
L'amour est plus grand, lorsqu'avec
les mêmes dangers il rachete un
moindre bien.

CVI.

Le Prince de la Médecine dit
que la vie est courte & l'art bien
long. Ce n'est pas notre vie qui est
courte, c'est nous qui l'abrégeons :
nous n'avons pas trop peu de temps,
mais nous en perdons trop. On peut
donc regarder comme un oracle ce
mot d'un très grand Poete : « Nous

« ne vivons qu'une très petite par-
« tie de notre vie ». Tout le reste
de notre durée n'est point une vie,
c'est du temps. Très attentifs à conserver notre patrimoine, nous som-
mes prodigues quand il s'agit de
la perte du temps, la seule chose
pourtant dans laquelle l'avarice est
louable.

CVII.

L'HOMME dont la conscience,
juge toujours infaillible, a fait la
censure de ses propres actions, peut
seul revenir avec plaisir sur le passé.

CVIII.

LA vie de bien des gens ne peut
pas être appellée oisive, c'est une
occupation de fainéants.

CIX.

PERSONNE ne doute que ceux

qui s'occupent à des études inutiles,
comme on en trouve un grand nombre chez les Romains, ne prennent
bien des peines pour ne rien faire.
Cette maladie fut propre aux Grecs;
ils s'amusoient à chercher quel avoit
été le nombre des rameurs d'Ulysse;
ils disputoient pour savoir si l'Iliade
avoit été composée avant l'Odys-
sée; si ces deux poëmes étoient du
même auteur; & de beaucoup d'autres choses de cette importance,
que vous pouvez savoir sans en être
intérieurement plus heureux, & pu-
blier sans en paroître ni moins ennuyeux ni plus instruit.

C X.

CE qu'on ne frappe pas n'est pas
invulnérable, c'est ce qu'on ne peut
point blesser.

CXI.

LES grands phénomenes, & tout ce qui s'éloigne de la marche ordinaire & commune des choses, ne se font point voir fréquemment.

CXII.

L'AVARICE ravit aux autres pour se refuser à elle-même.

CXIII.

LORSQUE le Sage laisse tomber d'en haut un regard sur la terre, il se dit à lui-même : Voilà donc le point que tant de nations se disputent avec le fer & la flamme ! Tous ces grands mouvements sont des excursions de fourmis qui se trouvent trop à l'étroit. La différence entre elles & nous, c'est celle de deux atômes plus petits l'un que l'autre.

CXIV.

AGRIPPA, homme de courage, qui, de tous ceux auxquels les guerres civiles procurerent du pouvoir & de la célébrité, fut le seul heureux contre la République, avoit coutume de dire qu'il devoit beaucoup à cette maxime, « La concorde « accroît les petites chofes, & la dif- « corde ruine les plus grandes ; » que c'étoit elle qui l'avoit rendu bon frere & bon ami.

La vertu a fa partie fpéculative & fa partie pratique : il faut donc & s'inftruire, & confirmer par des actions ce qu'on a appris.

CXV.

ON vit différemment pour le peuple & pour soi. La retraite n'eft point en elle-même une école d'innocence, ni la campagne une école de frugalité : mais quand il n'y a plus de témoins ni de spectateurs, les vices dont la récompense est de se montrer, se calment insensiblement. On n'est pas magnifique pour soi, ni même pour frapper les yeux d'un petit nombre d'amis familiers. Otez à l'homme la représentation, vous lui ôtez les desirs. L'ambition, le luxe, la prodigalité, demandent un théâtre ; les cacher, c'est les guérir.

C X V I.

Le malheur nous rend plus sages : on diroit que le bon sens & la bonne fortune sont incompatibles ; la prospérité ôte à l'homme le jugement.

C X V I I.

C'est étudier la philosophie dans la pratique, c'est s'exercer sous les yeux de la vertu même, que d'être témoin des idées d'un homme sage sur la mort & la douleur, quand l'une s'approche de lui, & quand l'autre le frappe. C'est de l'homme qui agit qu'il faut apprendre à agir. Ce n'est point par l'espérance de la mort qu'il souffre patiemment, ni par l'ennui de la douleur qu'il meurt avec résignation : il souffre l'une, il attend l'autre.

C X V I I I.

Il se trouve des hommes heureusement nés, & auxquels les circonstances ont été favorables, qui, sans une longue étude, parviennent d'eux-mêmes à un état qui n'est ordinairement que le fruit des leçons, & qui saisissent la vertu dès le premier moment qu'on la leur pré-

sente. Ces ames avides de vertu se
fécondent, pour ainsi dire, elles-
mêmes : mais celles qui sont plus
foibles & moins actives, ou qui ont
été long-temps environnées d'exemples contagieux, ont contracté une
rouille qui ne peut s'effacer que par
un long frottement. Les dogmes de
la philosophie peuvent faire parvenir plus promptement les premiers
à la perfection, & faciliter la route
aux plus foibles, en les dégageant
de leurs opinions dépravées.

CXIX.

CRISPUS PASSIENUS, le génie
le plus subtil que j'aie jamais connu,
sur-tout pour distinguer & guérir
les vices, disoit que nous mettons
quelquefois la porte entre la flatte-
rie & nous, mais que nous ne la fer-

mons jamais. Il ajoutoit que nous traitons l'adulation comme une maî-tresse qui nous plaît quand elle frap-pe à la porte, & plus encore quand elle l'enfonce.

C X X.

IL n'y a personne qui ne permette qu'on le loue d'une vertu dont les preuves sont publiques.

C X X I.

IL en coûte moins pour augmen-ter en dignités, que pour commen-cer à s'élever. Il en est de même des richesses : elles séjournent long-temps autour du pauvre avant de le tirer de l'indigence.

C X X I I.

QUELLE folie de disposer de sa vie, quand on n'est pas le maître du lendemain ! quelle démence d'é-

garer ſon eſpoir dans un avenir incertain ! J'acheterai , je bâtirai , je
placerai , je percevrai , j'obtiendrai
des honneurs ; & enfin je paſſerai
dans le repos une vieilleſſe fatiguée
& raſſaſiée de plaiſirs. Ne remettons
rien ; ſoyons tous les jours quittes
envers la vie. En ſuivant ce plan ,
on jouit de la ſécurité. Mais quand
on vit dans l'eſpérance , on laiſſe
toujours échapper le temps qu'on a
ſous la main ; on eſt tourmenté par
le deſir de la vie , & par la crainte
de la mort , le poiſon de tous les
biens.

C X X I I I.

L'A R T d'acquérir & celui de conſerver ſont deux moyens qui , pris
ſéparément , peuvent chacun rendre un homme opulent.

CXXIV.

Que sert-il de traverser les mers, de passer de villes en villes ? Pour vous soustraire au mal-aise que vous éprouvez, soyez autre, & non pas autre part. Je vous suppose arrivé à Athenes, à Rhodes, ou dans quelque autre ville à votre choix : qu'importent les mœurs que vous y trouverez ? vous y apporterez les vôtres.

CXXV.

La célébrité ne demande pas essentiellement un grand nombre de suffrages, elle sait se contenter de celui d'un seul homme de bien : un seul homme vertueux suffit pour juger tous les hommes vertueux. Mais pour la gloire & la réputation, l'opinion d'un seul homme ne suffit pas : elles exigent l'accord d'une multitude d'hommes. Dans le premier cas, le sentiment d'un seul Sage a le même poids que celui de tous les Sages, parcequ'ils n'auroient pas d'autre avis si on le leur demandoit : mais dans le second cas les jugements sont différents, parceque les dispositions de ceux qui jugent ne sont pas les mêmes.

CXXVI.

C'EST toujours à l'aide du vrai, que le mensonge attaque la vérité.

CXXVII.

SI l'on vouloit peser, la balance en main, toutes les preuves, ce seroit se condamner à un silence éternel : il y a peu de vérités qui ne trouvent des adversaires ; & lors même qu'elles gagnent leur procès, ce n'est qu'après avoir long-temps plaidé.

C X X V I I I.

LA converſation a des attraits flatteurs qui inſenſiblement font ſortir les ſecrets au-dehors, de même que l'ivreſſe & l'amour : on ne tait pas ce qu'on a ouï dire, & l'on ne ſe borne pas à dire ce que l'on a entendu ; celui qui n'a pu taire un propos n'en taira pas l'auteur. Il n'y a perſonne qui n'ait un ami en qui il ait autant de confiance qu'on en a eu en lui : il a beau contenir ſa démangeaiſon de parler, & ſe borner à un ſeul dépoſitaire ; de proche en proche, toute la ville en aura connoiſſance ; & ce qui étoit un ſecret devient bientôt un bruit public.

F iij

CXXIX.

LE méchant craint à proportion du mal qu'il fait. Avec une mauvaise conscience, on peut trouver de la sûreté, mais jamais de sécurité : on se croit découvert, quoique caché ; on est agité pendant le sommeil ; on ne peut entendre parler d'un crime sans penser au sien ; on ne le trouve jamais assez effacé ni caché. Le malfaiteur a quelquefois eu le bonheur, mais jamais la certitude, de n'être point découvert.

CXXX.

NOUS épuisons notre subtilité sur des objets inutiles & frivoles. Toutes ces questions, Si le bien est un corps ; Si les passions, si les vertus sont corporelles ; Si la justice, la force, la prudence, sont des êtres

animés, font des hommes habiles,
& non des hommes vertueux. La
sagesse est une science & plus claire
& plus simple : mais nous prodi-
guons la philosophie comme tout
le reste. Les sciences & les lettres
ont aussi leurs excès : c'est pour l'é-
cole ou la dispute, & non pour la
conduite, que nous étudions.

C X X X I.

NE voyez - vous pas de quels
applaudissements retentissent les
théâtres, lorsqu'on y débite quelques unes de ces maximes que le
peuple sent, & qu'il s'accorde à trouver vraies ? telles sont celles-ci : « Il
« manque bien des choses à l'indi-
« gence ; mais tout manque à l'a-
« varice : Un avare n'est bon pour
« personne, & il l'est bien moins

« pour lui-même ». L'homme le plus fordide applaudit à ces vers ; il eft charmé de voir injurier fes vices. Combien plus cet effet ne doit-il pas avoir lieu, lorfque c'eft un Philofophe qui débite ces maximes, lorfqu'à des préceptes falutaires il mêle des vers qui les gravent plus profondément dans les ames des ignorants ! car, comme difoit Cléanthe, « de même que « notre fouffle produit un fon plus « clair lorfque la trompette, après « l'avoir refferré dans un canal long « & étroit, le laiffe enfuite fortir « par une large iffue ; de même la « gêne étroite du vers rend nos pen-« fées plus éclatantes. »

On a beau s'étendre fur le mépris des richeffes, prouver aux hom-

mes par de longs discours qu'il n'y
a point de différence entre avoir &
ne point desirer ; que tout ce qui
excede les besoins de la nature est
superflu : les esprits sont encore plus
frappés quand ils entendent ces vers :
« Le mortel le moins indigent est
« celui qui desire le moins. On a
« tout ce qu'on veut, quand on ne
« veut que ce qui peut suffire. »

CXXXII.

NE cherchez pas dans la justice
une autre récompense que d'être
juste. Il est indifférent que beaucoup
de monde connoisse votre équité :
quiconque veut rendre sa vertu publique n'a pas travaillé pour la vertu, mais pour lui-même. Vous ne
voulez pas être juste sans gloire ;
mais vous serez souvent obligé de

l'être avec infamie : alors, fi vous êtes vraiment fage, la mauvaife réputation acquife par des voies honnêtes aura des charmes pour vous.

CXXXIII.

L'IGNORANCE des caufes rend les effets plus terribles, & la rareté des phénomenes en augmente l'effroi. On fe familiarife avec les malheurs communs ; les événements extraordinaires infpirent plus de terreur. Eh ! pourquoi y a-t-il pour nous quelque chofe d'extraordinaire ? c'eft que nous voyons la nature fans la deviner ; nous ne fongeons qu'à ce qu'elle fait, & non à ce qu'elle peut faire. Notre peur eft donc le châtiment de notre négligence : nous craignons comme nouveau ce qui n'eft qu'extraordinaire.

Puisque l'ignorance est la cause de
nos alarmes, l'exemption de la peur
vaut bien la peine de s'instruire.

CXXXIV.

LE langage des hommes, dit un
proverbe grec , fut toujours conforme à leur vie. De même que les
actions de chaque individu sont conformes à ses discours ; le style & le
langage sont la peinture des mœurs
publiques. Lorsque les mœurs de la
société se sont corrompues & amol-
lies , un langage peu châtié fut un
signe de la dépravation publique ;
sur-tout quand ce défaut ne s'est pas
trouvé dans un ou deux individus ,
mais s'est attiré l'approbation générale.

CXXXV.

QUELLE différence y a-t-il entre

des enfants qui attachent un grand
prix à leurs jouets, & nous ? sinon
que nous devenons fous pour des
tableaux & des statues, & que nos
folies sont plus cheres que les leurs.

C X X X V I.

VOUS me demandez comment
la premiere connoissance de ce qui
est bon & honnête est parvenue jusqu'à nous : la Nature n'a pu nous
la donner ; elle a semé en nous les
germes de la science, mais non la
science même. Il me paroît que cette
connoissance est le résultat des ré-
flexions & des comparaisons que
l'esprit fait, par analogie, entre les
choses qu'on a souvent vues & ob-
servées. On savoit qu'il y a une
santé du corps ; de là on a conclu
qu'il doit y avoir aussi une santé de

l'ame : on connoiſsoit les forces de ſon corps ; de là on a inféré qu'il y avoit auſſi une force d'eſprit : on avoit été frappé d'admiration à la vue de quelques actions de bonté, d'humanité, ou de courage ; on a commencé à les regarder comme des modeles de perfection.

CXXXVII.

Nos ancêtres erroient encore autour de la vérité ; tout étoit nouveau pour des hommes qui faiſoient les premieres expériences : nous avons perfectionné leurs découvertes, & nous leur devons même celles que nous avons faites depuis. Il falloit bien du courage pour oſer écarter le voile de la Nature, aller au-delà du coup d'œil ſuperficiel qu'elle nous permet, & lui arracher pour

Tome II. G

ainſi dire ſes ſecrets ! C'eſt avoir
beaucoup contribué aux progrès des
découvertes, que de les avoir crues
poſſibles. Il faut donc écouter les
anciens avec indulgence : rien n'eſt
parfait en commençant.

CXXXVIII.

La crainte, lors même qu'elle
eſt modérée & n'a pour objet qu'un
malheur particulier, affoiblit la raiſon ; mais quand la frayeur eſt générale, les eſprits s'égarent. Il n'eſt
pas aiſé de conſerver le bon ſens
dans les grandes calamités ; la terreur peut agir aſsez fortement ſur
les ames foibles pour leur faire perdre la raiſon. L'effroi eſt une eſpece
de folie : mais dans les uns cette paſ-
ſion ne produit que des effets momentanées ; dans les autres elle cauſe

un trouble plus violent, & qui va jusqu'à la démence.

CXXXIX.

JAMAIS on ne voit plus de prophetes, que lorsqu'une terreur mêlée de superstition a frappé les esprits.

CXL.

TOUT ce qui tient à la morale ne constitue pas les bonnes mœurs : une chose a pour objet la nourriture de l'homme, une autre ses exercices, une autre son habillement, une autre son instruction ou son amusement ; toutes ces choses appartiennent à l'homme, lors même qu'elles ne contribuent pas à le rendre meilleur. Il est des spéculations qui influent diversement sur les mœurs ; quelques unes servent à

les régler & les corriger ; d'autres
ont pour objet de rechercher leur
nature & leur origine. Croyez-vous
qu'un Philosophe perde la morale
de vue, quand il examine pourquoi
la Nature a fait l'homme, pourquoi
elle l'a placé au-dessus des autres
animaux ? Non, sans doute : en
effet, comment saurez - vous les
mœurs que l'homme doit avoir, si
vous ne connoissez pas ce qui est le
plus avantageux pour lui ; en un
mot, si vous ne considérez pas sa
nature ? Vous ne saurez ce que vous
devez faire ou éviter, que lorsque
vous aurez appris ce que vous devez
à votre nature.

Souffrez donc que j'examine des
objets qui paroissent s'éloigner de
la morale. Nous cherchions à sa-

voir si tous les animaux avoient le
sentiment, la conscience de leur
état naturel ou de leur constitution.
Il paroît qu'ils ont ce sentiment,
sur-tout par l'adresse & la prompti-
tude avec laquelle ils font usage de
leurs membres, en sorte qu'on diroit qu'ils l'ont appris : il n'y en a
point qui ne se servent avec agilité
des différentes parties de leur corps,
& qui n'exécutent avec la plus grande facilité les mouvements qui leur
sont nécessaires. Aucun d'eux ne re-
mue ses membres avec peine, ou
n'est embarrassé dans l'usage qu'il
en fait : dès qu'ils sont nés, ils exécutent sur-le-champ les fonctions
auxquelles ils sont destinés ; ils apportent leur science en venant au
monde ; ils naissent tout élevés.

G iij

Vous me direz peut-être que les animaux meuvent convenablement les parties de leur corps, parceque, s'ils les remuoient autrement, ils éprouveroient de la douleur : ainsi, selon vous, ils sont forcés ; c'est la crainte, & non la volonté, qui les fait mouvoir à propos. Point du tout : leurs mouvements seroient lents, s'ils étoient contraints ; l'agilité annonce un mouvement spontanée ou volontaire : bien loin que la douleur les force à se mouvoir, elle n'est point capable d'arrêter les efforts qu'ils font pour exécuter leurs mouvements naturels. C'est ainsi qu'un enfant qui voudroit se tenir debout, & qui s'habitue à se soutenir tout seul, tombe aussitôt qu'il commence à faire l'essai de ses forces ; il se releve en pleurant à chaque fois, jusqu'à ce qu'à l'aide de la douleur il se soit exercé à faire ce que la Nature exige de lui. Les animaux dont le dos est couvert d'une écaille dure, lorsqu'ils sont renversés, se tourmentent, dressent & replient leurs pieds jusqu'à ce qu'ils se soient remis dans leur position naturelle. Une tortue renversée n'éprouve aucune douleur, cependant elle s'agite pour reprendre la situation qui lui convient ; elle ne cesse de faire des efforts & de se débattre jusqu'à ce qu'elle se retrouve sur ses pieds.

Concluons donc que tous les animaux ont la conscience ou le sentiment de leur façon d'exister ; ce qui les rend capables de faire un usage

prompt & facile de leurs membres :
nous n'avons pas de preuve plus
forte qu'ils apportent cette connoiſſance en naiſſant, que parcequ'il n'y
a point d'animal qui ait beſoin d'apprendre à faire uſage de ſes propres
facultés.

En effet, il eſt néceſſaire qu'ils
aient la conſcience ou le ſentiment
de ce qui leur fait ſentir les autres
choſes ; il faut qu'ils ſentent la force
qui les dirige, & à laquelle ils obéiſ-
ſent. Il n'y a perſonne de nous qui
ne conçoive qu'il exiſte en lui quelque choſe qui lui donne des impul-
ſions ; mais il ignore ce qui produit
cet effet. Il en eſt des animaux comme des enfants ; les uns & les autres
n'ont que des idées confuſes & ob-
ſcures de la partie qui les dirige.

Vous m'objecterez que l'on pré-
tend que tout animal commence par
se conformer à sa constitution ; que
celle de l'homme est d'être rai-
sonnable, & que conséquemment
l'homme s'accommode à sa constitution, non comme animal seulement, mais comme animal raison-
nable, vu que l'homme s'aime lui-
même, parcequ'il est homme. Cela
posé, comment un enfant qui ne
jouit pas encore de la raison peut-il
se conformer à la constitution rai-
sonnable ? Chaque âge a sa constitution ou façon d'être ; elle n'est pas
dans un enfant la même que dans
un adolescent ou dans un vieillard.
Ainsi, quoique la façon d'être va-
rie, chaque animal s'accommode
toujours à celle dans laquelle il se

trouve. En effet, la nature ne me rend pas cher l'état de l'enfance, de la jeuneſse, ou de la vieilleſse ; c'eſt moi qu'elle me fait aimer. Ainſi l'enfant s'accommode à la façon d'être qu'il a dans l'enfance, & non à celle qu'il aura dans l'adoleſcence ; & s'il paſse par la suite à un état d'accroiſſement plus grand encore, on ne peut pas en conclure que celui dans lequel il eſt né n'ait pas été conforme à ſa nature. Tout animal commence par s'accommoder avec lui-même, vu qu'il doit y avoir quelque objet auquel tout puiſse ſe rapporter. Je deſire le plaiſir : pour qui ? c'eſt pour moi ; c'eſt donc pour moi que je travaille. Je fuis la douleur : pour qui ? pour moi ; c'eſt donc encore pour moi que je prends des soins.

Cela posé, c'est de moi que je m'occupe avant tout. Ce même soin se trouve dans tous les animaux ; il ne leur est pas communiqué, il naît avec eux. La Nature façonne ses productions ; elle ne les jette point au hasard : & comme il n'y a pas de garde plus sûre que celle qui se trouve la plus proche, chaque animal a été confié à lui-même. Voilà pourquoi, comme je l'ai dit plus haut, les animaux les plus foibles, de quelque façon qu'ils soient sortis du sein de leurs meres, connoissent aussitôt ce qui leur est pernicieux, fuient ce qui leur donneroit la mort : & comme ils sont exposés à devenir la pâture des oiseaux de proie, ils craignent jusqu'à l'ombre de ceux qui volent au-dessus d'eux.

Aucun animal ne parvient à la vie fans la crainte de la mort. Comment, me dira-t-on, l'animal qui vient de naître peut-il avoir l'idée d'une chofe qui lui fera falutaire ou funefte ? Il s'agit ici de favoir s'il en a l'idée, & non pas comment il a pu l'avoir : or, il paroît que les animaux ont cette idée, vû qu'ils n'agiroient point autrement qu'ils font s'ils l'avoient. Pourquoi une poule n'évite-t-elle pas un paon ou une oie, tandis qu'elle fuit auffitôt qu'elle apperçoit un épervier, qui eft un oifeau bien plus petit ? En cela ils femblent avoir une connoiffance de ce qui peut leur nuire, fans que l'expérience la leur ait fournie ; ils fe mettent en fûreté, avant même d'avoir éprouvé du mal. Et ne croyez

pas que ce soit un effet du hasard :
ils ne craignent que les objets qu'ils
ont raison de craindre ; jamais ils
ne perdent ce soin de vue ; toujours
ils évitent ce qui leur est pernicieux.
De plus, en vivant, ils ne deviennent pas plus timides; ce qui prouve
que ce n'est pas l'usage ou l'expérience qui leur donne leurs crain-
tes , mais que c'est le desir naturel
de se conserver. L'expérience instruit lentement & diversement : les
leçons de la Nature sont uniformes
& promptes.

Chaque animal s'occupe de sa conservation ; il cherche ce qui peut y
contribuer, & craint tout ce qui peut
y porter atteinte. La Nature lui inspire de la répugnance pour tout ce
qui lui est contraire : tout ce qu'elle

ordonne se fait sans réflexion, sans dessein. Ne voyez-vous pas avec quelle industrie les abeilles construisent leurs domiciles, avec quel accord merveilleux elles concourent à leurs travaux ? N'admirez-vous pas la toile de l'araignée, que l'art des hommes tenteroit vainement d'imiter ? Avec quelle adresse elle arrange ses fils ! les uns sont droits, pour servir d'appui aux autres ; les autres sont circulaires & serrés, afin de prendre les plus petits animaux comme dans des filets. Cet art ne s'apprend point, il s'apporte en naissant.

Ainsi nul animal n'est plus instruit qu'un autre. Vous verrez la même toile à toutes les araignées ; tous les rayons de miel ont les mêmes cavités. Tout ce que l'Art en-

feigne eſt inégal, incertain : ce que
la Nature apprend eſt toujours uniforme & conſtant. Elle ne donne
aux animaux que les moyens de ſe
défendre : voilà pourquoi ils sont
inſtruits en même temps qu'ils commencent à vivre. Ne ſoyons point
ſurpris qu'ils naiſſent avec les con-
noiſſances ſans leſquelles ils naî-
troient en vain. C'eſt là le premier
moyen que la Nature leur ait donné
pour ſe maintenir dans l'exiſtence,
& pour l'aimer; ils n'auroient pu ſe
conſerver, s'ils n'y avoient été naturellement portés : cela ſeul n'auroit ſervi de rien, mais auſſi ſans
cela rien n'eût été utile.

C X L I.

UNE des cauſes de nos maux
vient de ce que nous réglons notre

H ij

conduite fur celle des autres : nous ne fommes pas guidés par la raifon, la coutume nous entraîne. Si peu de gens faifoient une chofe, nous ne chercherions pas à les imiter; mais lorfque le grand nombre la fait, nous le fuivons : comme fi de ce qu'une chofe fe fait fouvent, elle en étoit plus eftimable ! une erreur devenue générale prend la place de la droite raifon.

C X L I I.

CEUX qui contrarient la Nature reffemblent à des rameurs qui vont contre le courant.

C X L I I I.

POUR calmer la terreur qu'inf-pirent les grandes révolutions de la Nature, & raffurer l'homme contre tous les dangers de cette efpece, le

courage est plus important que la
science ; mais l'un & l'autre sont
liés. La vraie source du courage,
ce sont les arts libéraux, c'est l'é-
tude & la contemplation de la Nature.

C X L I V.

IL est naturel à l'homme d'admi-
rer plutôt le nouveau que le grand.

C X L V.

PARMI les Historiens, il y en a
qui cherchent la célébrité par le récit d'événements incroyables , &
qui, dans la crainte que le lecteur
ne s'endorme sur des faits communs
& journaliers, le réveillent par des
prodiges ; il y en a de crédules, il y
en a de négligents : quelques uns
se laissent surprendre par le mensonge, quelques autres s'y com-

plaisent ; les uns ne savent pas l'é-
viter, les autres vont même au-devant de lui.

CXLVI.

ON croyoit que les hommes les
plus dangereux étoient les colpor-
teurs de calomnies ; mais il est des
hommes qui colportent les vices :
leur conversation est très nuisible ;
lors même qu'elle n'agit pas sur-
le-champ, elle laisse des semences
dans l'esprit.

CXLVII.

CEUX qui ont écouté une sym-
phonie portent dans leurs oreilles la
mélodie d'un chant agréable qu'ils
ont entendu, & qui les empêche de
penser à des objets sérieux : il en
est de même du langage des flatteurs, & de ceux qui louent les

choſes déshonnêtes ; l'impreſſion
nous en reſte bien plus de temps
qu'on n'en a mis à l'écouter. Il eſt
donc très important de fermer l'o-
reille aux mauvais diſcours, & ſur-
tout quand ils commencent ; car dès
qu'ils sont commencés, & qu'on ſe
permet de les écouter, ils deviennent plus hardis. C'eſt alors que
l'on va juſqu'à nous dire que la juſtice, la vertu, la philoſophie, ne
sont que des mots vuides de ſens ;
qu'il n'y a de félicité que dans une
vie joyeuſe ; que ne ſe gêner sur
rien, dépenſer ſon patrimoine, c'eſt
ce qui s'appelle bien vivre, c'eſt ſe
ſouvenir qu'on doit mourir ; que
nos jours s'écoulent, & que la vie
ne revient pas en arriere : Pourquoi
balanceroit-on à faire ce qui peut

plaire ? pourquoi n'accorderoit-on
pas des plaisirs qu'on ne pourra pas
toujours goûter, à l'âge capable d'en
jouir, & qui les demande ? A quoi
bon par une sotte frugalité aller au-
devant de la mort, & s'interdire des
biens dont elle nous privera ? Quelle
folie de travailler pour un héritier,
de se refuser tout, afin qu'une am-
ple succession vous fasse un ennemi
de celui qui vous aimoit ! plus vous
lui laisserez, & plus votre mort le
réjouira : Ne faites aucun cas de ces
ennuyeux & séveres censeurs de la
vie des autres ; ils sont les ennemis
de la leur : Moquez-vous de ces
hommes qui s'érigent en pédago-
gues du public, & n'hésitez pas de
préférer une vie agréable, à la con-
sidération.

De semblables discours sont aussi dangereux que le chant de ces Sirenes qu'Ulysse ne voulut entendre qu'après s'être fait garrotter : leurs effets sont aussi funestes ; ils nous détachent de la patrie, de nos parents, de nos amis, de la vertu ; ils précipitent ceux qui les écoutent, dans la misere & l'infamie. N'est-il donc pas plus avantageux de suivre le droit chemin, & d'arriver enfin au point de ne trouver du plaisir que dans les choses honnêtes ?

CXLVIII.

Si toute profusion est blâmable, celle des bienfaits l'est encore plus. Otez le discernement, ce ne sont plus des bienfaits, ils prennent un autre nom. Une grosse somme d'argent donnée sans jugement & sans

bienveillance n'eſt pas plus un bienfait qu'un tréſor qu'on trouveroit.
Il y a mille choſes qu'on doit recevoir ſans en avoir d'obligation.

C X L I X.

C'EST une uſure honteuſe que
de tenir note de ſes bienfaits; quel
que ſoit le ſort des premiers, con-
tinuez d'en répandre. J'aime encore
mieux qu'ils ſoient enſevelis chez
des ingrats : la honte, l'occaſion,
l'exemple, peuvent les rendre un
jour reconnoiſſants. Ne vous laſſez
point, faites votre devoir, rempliſ-
ſez les fonctions d'un homme de
bien ; ſecourez l'un de votre fortune, l'autre de votre cautionne-
ment, celui-ci de votre crédit, celui-
là de vos conſeils, cet autre enfin de
vos préceptes ſalutaires.

CL.

En matiere de reconnoissance,
on n'atteint pas si l'on ne devance.

CLI.

La plupart des hommes rendent
leurs bienfaits odieux par la dureté
des propos dont ils les accompa-
gnent; leurs sourcils froncés, leurs
discours, leur dédain, font repentir
d'avoir obtenu la chose une fois pro-
mise; il faut encore essuyer des dé-
lais : or, rien de plus désagréable
que d'être obligé de demander encore ce qu'on a déjà obtenu. Les
bienfaits doivent être payés avant
l'échéance; & souvent il est plus
difficile de recevoir que d'obtenir :
on est forcé de prier l'un, d'avertir
l'autre de faire terminer. Par-là le
même bienfait s'use en passant de

mains en mains ; & c'est autant de
pris sur la reconnoissance due à celui qui a promis : tous ceux qu'on
sollicite après lui, en enlevent une
portion. Si donc vous souhaitez la
reconnoissance pour votre bienfait,
faites qu'il parvienne entier, intact,
&, comme on dit, sans déduction ;
que personne ne l'intercepte, ne le
retienne sur la route. Toute reconnoissance hypothéquée sur un bienfait est autant de diminué pour votre
part.

C L I I.

P O U R vous résoudre à mourir
de bon gré, représentez-vous cette
foule de malheureux qui s'attachent
à la vie, qui la tiennent, pour ainsi
dire, embrassée, comme on s'ac-
croche dans un naufrage aux racines

& aux rochers ; flottant entre la crainte de la mort & les tourments de la vie, ils ne veulent pas vivre, & ne favent pas mourir.

CLIII.

ON fait cas de l'eftime de celui dont le mépris chagrine.

CLIV.

LE comble de la cruauté eft de prolonger le fupplice : il y a une forte de compaffion à faire mourir promptement, vu que le temps qui précede le fupplice en fait la plus grande partie, & que la derniere douleur les termine toutes.

CLV.

EN général, c'eft la maniere de dire & de faire les chofes qui les ca-ractérife : ainfi les mêmes fervices different par la maniere dont on

Tome II.   I

les rend. Quelle grace, quel prix ne donne-t-on pas à son bienfait, quand on ne souffre pas que celui qu'on oblige en remercie, lorsqu'en faisant du bien on oublie qu'on le fait !

CLVI.

La crainte de la mort n'est pas un effet particulier de la maladie, c'est celui d'une loi de la Nature.

CLVII.

La maladie a quelquefois servi à prolonger la vie de quelques hommes : ils ont dû leur salut aux signes de mort qui paroissoient en eux (1).

CLVIII.

Fabius Verrucosus comparoit les bienfaits accordés brusque-

____

(1) Voyez la vie de Séneque, pag. 11.

ment par un bourru, à du pain dur qu'un affamé reçoit par nécessité, & mange avec déplaisir.

<h3 style="text-align:center">CLIX.</h3>

NE parlons pas du bien que nous avons fait : rappeller un service c'est le redemander. Je m'écrierois volontiers, comme cet homme sauvé par un ami de César de la proscription des Triumvirs, & qui, fatigué de son arrogance, lui disoit : « Rends-moi à César ! jusqu'à quand « me répéteras-tu, Je t'ai sauvé, je « t'ai arraché à la mort ? Je te dois « la vie, si je m'en souviens, & la « mort, si tu m'en fais souvenir. Je « ne te dois rien, si tu ne m'as sauvé « que pour me faire parade de ton « bienfait. Ne cesseras-tu pas de me « traîner à ton char ? ne me laisse-

« ras-tu jamais oublier mon mal-
« heur ? Sans toi, je n'aurois été
« mené en triomphe qu'une feule
« fois. »

C L X.

Tous les Moraliftes enfeignent
qu'il y a des bienfaits qu'on doit
répandre publiquement, & d'autres
en fecret : publiquement, ceux qu'il
eft glorieux d'obtenir, comme les
récompenfes militaires, les honneurs, & généralement tout ce qui,
étant connu, procure de l'éclat :
ceux au contraire qui ne contribuent ni à l'avancement, ni à l'il-
luftration, mais qui foulagent la
foibleffe, l'indigence, l'ignominie,
doivent être tenus cachés, & n'être
connus que de l'homme qui en profite.

CLXI.

LE dernier période du mal en est la fin. On ne peut souffrir beaucoup & long-temps. La Nature, en mere tendre, nous a conformés de maniere qu'elle a rendu la douleur ou courte, ou supportable. Tout dépend de l'opinion : ce ne sont pas seulement les passions, telles que l'ambition, le luxe & l'avarice, qui se reglent sur elle ; la douleur elle-même se conforme au préjugé. On n'est malheureux qu'autant qu'on le croit. Vous rendrez la douleur légere, en la croyant telle.

CLXII.

ON paie souvent des bienfaits par des injures. On a vu même des hommes ingrats, pour n'avoir pas pu être assez reconnoissants. La dé-

mence en est venue au point, qu'il
y a beaucoup de danger à faire beaucoup de bien à certaines personnes :
persuadées qu'il est honteux de ne
pas rendre, elles veulent ne rien devoir. Eh ! mon ami, gardez ce que
vous avez reçu : je ne vous demande
rien ; je n'exige rien que l'impunité
pour le bien que je vous ai fait.

CLXIII.

LA maniere ordinaire de louer
la vie d'un homme auquel on porte
envie, est de dire : Voilà un homme
bien à son aise ; c'est-à-dire, voilà
un homme efféminé.

CLXIV.

C. CÉSAR, ce tyran farouche,
fait pour amener les mœurs d'un
État libre à la servitude de la Perse,
donna la vie à Pompeius Pennus ; si

c'eſt la donner que de ne la pas ôter.
Quand celui-ci vint le remercier de
cette grace, il lui préſenta le pied
gauche à baiſer.

O inſolence du rang ſuprême !
délire ſtupide de la grandeur ! jamais
tu ne fis éprouver la douceur de recevoir des bienfaits : tu les changes
en outrages. J'aime les bienfaits
quand ils ſe préſentent ſous les traits
de la ſenſibilité, ou du moins ſous
ceux de la douceur, de la ſérénité ;
quand le bienfaiteur ne m'accable
pas de ſa ſupériorité, quand il ne
s'élève pas au-deſſus de moi, mais
deſcend à mon niveau, pour ne me
laiſſer voir que ſa bienveillance ;
quand il dépouille ſon bienfait d'u-
ne oſtentation importune ; quand il
épie le moment favorable ; quand il

paroît plutôt saisir une occasion que soulager un besoin. Le seul moyen de persuader aux grands de ne pas rendre leurs bienfaits inutiles par la hauteur, c'est de leur prouver que ces bienfaits n'en paroissent pas plus considérables pour être répandus avec appareil, & qu'eux-mêmes n'en paroissent pas plus grands. L'orgueil n'a qu'une fausse grandeur, qui fait prendre en aversion les objets les plus aimables.

C L X V.

Le courage n'est pas un instinct aveugle : ce n'est pas l'amour du danger, ce n'est pas une manie qui fait chercher ce que tout le monde redoute ; c'est la science de distinguer ce qui est mal d'avec ce qui ne l'est pas. Le courage s'occupe très

soigneusement de sa propre conservation, mais il sait souffrir ce qui
n'a que l'apparence du mal.

CLXVI.

DÉMÉTRIUS le Philosophe
disoit qu'il ne faisoit pas plus de cas
des discours des ignorants, que des
vents qui échappent des intestins.
Que m'importe, disoit-il, que le
son vienne d'en haut ou d'en bas ?
quelle folie de craindre d'être diffa-
mé par des gens qui le sont eux-
mêmes !

CLXVII.

LORSQUE quelque corps inter-
posé nous prive de la vue du soleil,
il est toujours en action, il suit sa
route : quand il ne luit qu'entre des
nuages, il n'a ni moins de lumiere,
ni une marche moins rapide, que

lorſque le ciel eſt pur & ſerein. Il y a de la différence entre un obſtacle & un empêchement. C'eſt ainſi que les obſtacles ne font rien perdre à la vertu ; elle brille moins, mais elle n'eſt pas moindre pour cela : peut-être nous paroît-elle moins éclatante, mais elle eſt toujours la même à ſes propres yeux ; comme le ſoleil obſcurci, elle exerce ſa puiſſance derriere le nuage.

CLXVIII.

IL n'y a ſouvent aucune différence entre les préſents des amis & les vœux des ennemis ; la complaiſance imprudente des premiers nous précipite dans tous les maux que ceux-ci nous ſouhaitent.

CLXIX.

UN Cynique demanda un talent à

Antigone, qui trouva que la somme
étoit trop forte pour un Cynique.
Celui-ci s'étant reſtreint à demander
un denier, Antigone répondit que
c'étoit trop peu pour un Roi. Rien
de plus honteux qu'un pareil ſub-
terfuge : c'étoit un prétexte pour
ne rien donner. Ce Prince ne vit
que le Monarque dans la demande
d'un denier, que le Cynique dans
celle d'un talent. Comme Roi, il
auroit pu donner un talent, & comme à un Cynique, un denier. Quand
il y auroit des ſommes trop fortes
pour un Cynique, il n'y en a pas de
ſi foible qu'un Roi bienfaiſant ne
puiſse honnêtement donner.

C L X X.

Il ne faut pas recevoir indiſtinc-
tement, ni laiſser prendre à tout le

monde sur soi, les droits sacrés d'un bienfaiteur, qui font naître l'amitié la plus inviolable. Recevez de ceux à qui vous voudriez donner. Peut-être même faut-il plus de choix pour s'endetter que pour donner.

C L X X I.

O N demande si Brutus devoit accepter la vie de la main de César, qu'il jugeoit digne de la mort. Il me semble que ce grand homme s'abusa étrangement sur ce point, & ne consulta pas assez les principes du stoïcisme. Devoit-il se flatter du retour de la liberté, avec tant d'encouragemens pour l'ambition, & tant de récompenses pour l'esclavage ? devoit-il espérer le rétablissement de l'ancienne république, après la subversion des anciennes

mœurs ? devoit-il attendre le main-
tien de l'égalité primitive & des
loix fondamentales de l'État, après
avoir vu tant de milliers d'hommes
aux prifes, non pour la liberté, mais
pour le choix d'un maître ? A quel
point falloit-il méconnoître, & la
marche de la Nature, & l'efprit de
fa nation, pour ne pas voir qu'après
le meurtre d'un ambitieux, il s'en
trouveroit un autre dans les mêmes
difpofitions, comme il s'étoit trouvé
un Tarquin après la mort violente
de tant de Rois frappés par le fer ou
la foudre ! Brutus devoit recevoir
fa grace, fans néanmoins regarder
comme fon pere celui qui ne devoit
qu'à la violence le droit de faire du
bien. Ce n'eft pas fauver un homme,
que de ne pas le tuer : on ne lui fait

Tome II.   K

point éprouver un bienfait, on ne
fait que l'exempter de la mort.

C L X X I I.

Je ne refuserois pas un surcroît
d'années; mais je ne croirai pas qu'il
manque rien au bonheur de ma vie,
si l'on en abrege la durée. Ce n'est
pas pour le jour qu'une espérance
avide m'a montré dans le lointain,
que je me suis préparé : j'ai regardé
chacun de mes jours comme le dernier de ma vie.

C L X X I I I.

Si l'ame n'a reçu de la Nature
les plus excellentes dispositions, si
elle n'a été ensuite éclairée par les
lumieres de la raison toute entiere, elle ne peut suffire à tous les détails d'une action ; elle ne saura pas
quand, jusqu'où, avec qui, de quelle

maniere, il faut la faire : elle ne mar-
chera donc jamais vers la vertu avec
tous ses efforts réunis ; elle ne s'y
portera pas même avec plaisir & per-
sévérance ; elle regardera en arriere,
elle s'arrêtera sur la route.

CLXXIV.

LE jugement est plus libre, quand
il s'exerce sur les intérêts d'autrui.

CLXXV.

C'EST s'affliger plus qu'il ne faut,
que de s'affliger avant qu'il en soit
besoin.

CLXXVI.

LA même foiblesse qui empêche
certains hommes de prévoir leur infortune, les empêche de l'évaluer.

CLXXVII.

RIEN de plus frivole & de plus
déplacé que le trait qu'Hécaton rap-

porte d'Arcéſilas, qui refuſa l'argent
d'un fils, de peur d'offenſer ſon pere
avare. Qu'y a-t-il donc de ſi beau à
ne pas ſe rendre receleur d'un lar-
cin ; à aimer mieux ne pas accepter,
que d'être obligé de rendre ? La
belle modération, de ne pas accepter le bien d'autrui ! Si vous voulez
un exemple héroïque, prenons celui de Græcinus Julius, cet homme
d'un mérite rare, que Caligula fit
tuer, par la ſeule raiſon qu'il avoit
plus de probité qu'il n'eſt avantageux aux tyrans d'en trouver dans
un citoyen. Pendant qu'il recevoit
de l'argent de tous ſes amis pour
ſubvenir à la dépenſe des jeux, il
refuſa une groſſe ſomme de la part
de Fabius Perſicus ; & ſur les reproches que lui en faiſoient des gens

plus touchés des préfents, que dé-
licats fur le choix des perfonnes, il
répondit : « Puis-je accepter les bien-
« faits d'un homme avec lequel je
« ne voudrois pas me trouver à ta-
« ble ? » Rébilus, homme confu-
laire & auffi décrié, lui ayant en-
voyé une fomme encore plus forte,
& le preffant de l'accepter : Excufez-
moi, lui dit Græcinus, fi je ne me
rends pas à vos inftances, j'ai déjà
refufé Perficus. Eft-ce là recevoir des
préfents ? n'eft-ce pas plutôt faire
l'office de cenfeur, & choifir les
membres du Sénat ?

CLXXVIII.

Il y a des gens qui médifent de
ceux qui leur ont fait le plus de bien.
Il eft plus sûr de les offenfer que de
les obliger : ils ont recours à la haine

K iij

comme à la preuve qu'ils ne doivent rien.

CLXXIX.

L'ENVIE ne plaide la cause de
personne ; elle n'est favorable qu'à
elle-même, au préjudice de tous les
autres.

CLXXX.

POUR acquitter un bienfait, il
faut de la vertu, des circonstances,
des moyens, de la fortune : mais le
souvenir est une reconnoissance qui
ne coûte rien. Refuser un paiement
qui n'exige ni peine, ni richesses,
ni bonheur, c'est être inexcusable.

CLXXXI.

ON a accordé des privileges aux
peres. Pourquoi les autres bienfaiteurs ne seroient-ils pas aussi dans
le cas d'une faveur extraordinaire ?

Je réponds qu'on a rendu sacré l'é-
tat des peres, parcequ'il importoit à
la république qu'ils élevassent leurs
enfants : il falloit les encourager à
prendre cette peine, à en courir les
risques. On ne pouvoit leur dire,
comme aux bienfaiteurs : « Choisis-
« sez des sujets dignes de vos bien-
« faits : si vous êtes trompés, ne
« vous en prenez qu'à vous-mêmes ;
« n'assistez que des gens qui le mé-
« ritent. »

Les peres ne peuvent choisir leurs
enfants : ils ne peuvent que faire des
vœux ; ce n'est pas une affaire de
discernement. Il falloit donc, par
l'appât de l'autorité, les déterminer
à courir ce hasard. De plus, la jeunesse a besoin d'être gouvernée : les
peres sont des especes de magistrats

domestiques à la garde desquels nous l'avons confiée. Enfin les bienfaits de tous les peres sont du même genre, & par cette raison pouvoient être évalués une fois : mais les autres, différents entre eux, variés par leur importance & par les circonstances, ne pouvoient être soumis à une regle générale ; il y avoit plus d'équité à ne rien décider qu'à les apprécier d'une maniere uniforme.

CLXXXII.

Si vous aviez éprouvé de toutes les pertes la plus grave, celle d'un ami, il faudroit faire vos efforts pour vous réjouir de l'avoir possédé, plutôt que de vous affliger de l'avoir perdu. Mais la plupart des hommes ne tiennent aucun compte des plaisirs dont ils ont joui. La douleur,

entre autres maux, a celui non feu-
lement d'être fuperflue, mais encore de manquer de reconnoiſſan-
ce. N'eſt-ce donc rien d'avoir eu un
tel ami ? la Nature n'a donc rien fait
pour vous, en vous procurant tant
d'années agréables, un lien ſi doux,
une aſſociation ſi intime de goûts
& d'inclinations ? Eſt-ce que vous
enterrez l'amitié avec votre ami ?
& pourquoi regretter de l'avoir perdu, s'il ne vous reſte rien du plaiſir
qu'il vous a donné ? Croyez-moi,
le fort a beau nous enlever ceux que
nous aimons, la plus grande partie
d'eux-mêmes demeure avec nous.
On peut nous ôter la jouiſſance ac-
tuelle, mais jamais la jouiſſance paſ-
ſée. Il y a de l'ingratitude à croire,
quand on a perdu, ne rien devoir

pour ce qu'on a reçu. Le sort nous
ôte le fonds, mais il nous laisse l'u-
sufruit, & nous le perdons par l'injustice de nos regrets.

CLXXXIII.

COMPAREZ à l'immensité des
temps ce que nous appellons l'âge
de l'homme ; & vous verrez combien est imperceptible ce point de
durée que nous souhaitons, que
nous prolongeons le plus qu'il nous
est possible. De ce court espace,
quelle portion nous est ravie par les
larmes, par le désespoir qui nous
fait souhaiter la mort avant qu'elle
vienne, par la maladie, par la crainte, par les années de la foiblesse,
de l'ignorance, ou de l'inutilité !
De ce même espace, la moitié est
consacrée au sommeil : ajoutez les

travaux, le deuil, les périls; & vous comprendrez que de la vie, même la plus longue, c'est la plus courte partie qui est employée à vivre.

CLXXXIV.

CE seroit souiller les bienfaits que d'en faire une matiere de procès. Rendez ce que vous devez, est une expression dictée par la justice, & fondée sur le droit des gens. Mais cette façon de parler est très honteuse en matiere de bienfaisance. Rendez! Que voulez-vous qu'il rende? la vie qu'il a reçue? l'honneur, la sécurité, la santé? ces dettes sont trop grandes pour pouvoir être acquittées. N'excitons pas les cœurs des hommes à l'avarice, au mécontentement, à la discorde; ils n'y sont déjà que trop portés.

CLXXXV.

PLUT aux Dieux que nous puſ-
ſions perſuader aux hommes de ne
recevoir le paiement même de leurs
dettes pécuniaires que comme une
reſtitution volontaire ! Plût aux
Dieux que nulle ſtipulation n'obli-
geât le vendeur à l'acheteur ; qu'on
ne fût plus obligé de ſceller les
pactes & les conventions sous l'empreinte des cachets, & qu'on les mît
sous la ſauve-garde de la bonne foi
& de l'équité ! Mais on a préféré la
néceſſité à l'honnêteté ; l'on a mieux
aimé contraindre la probité, que de
s'en rapporter à elle. Des deux côtés
on appelle des témoins : il faut des
contrats, des notaires, des ſigna-
tures multipliées : on ne ſe contente
pas de la parole d'un homme, on

veut le lier par fa propre fignature : aveu trop humiliant de la mauvaife foi & de la dépravation générale ! on s'en fie plus à nos cachets qu'à nos cœurs. Pourquoi l'intervention de ces magiftrats ? pourquoi cette empreinte de leurs fceaux ? c'eft de peur que tel homme ne nie avoir reçu ce qu'en effet il a reçu. Ce sont donc des perfonnages incorrupti-bles, des organes de la vérité ? Hé-las ! on ne leur prête à eux-mêmes de l'argent qu'avec les mêmes for-malités. Eh ! n'eût-il pas été plus honnête de laifser quelques fcélé-rats violer leur foi, que de foupçon-ner tous les hommes de perfidie !

La feule chofe qui manque à l'a-varice, c'eft de ne plus accorder les bienfaits fans garantie. La bienfai-

fance est l'attribut des ames nobles
& généreufes : pourfuivre le paiement des bienfaits, c'eft reſembler
aux uſuriers. Pourquoi, sous prétexte de sûreté, rabaiſſer les bienfaiteurs à la claſſe la plus vile de
l'humanité ?

CLXXXVI.

L'INGRAT ne jouit qu'une ſeule
fois du bienfait : l'homme recon-
noiſſant en jouit toujours.

CLXXXVII.

RIEN de plus inconséquent que
les jugements du peuple : il voit un
homme ferme au milieu du deuil ;
il lui donne les noms d'impie & de
cruel : il en voit un autre ſuccom-
bant à sa douleur, étendu ſur le cadavre du mort ; il le traite d'homme
foible, d'efféminé.

CLXXXVIII.

J'AI vu des hommes respectables assister aux convois de leurs enfants : leur visage portoit l'empreinte de la tendresse paternelle, sans étaler le spectacle d'une douleur efféminée ; on n'y voyoit d'autre altération que celle que produisoient des sentiments vrais & sinceres. La douleur elle-même a sa décence, que le Sage doit observer : dans les larmes comme dans tout le reste, il est un terme où il faut s'arrêter. Les ignorants seuls ont des transports dans la douleur comme dans la joie.

CLXXXIX.

IL est vrai que les ouvrages qui plaisent dans la chaleur du débit, perdent un peu de leur effet dans le sang froid de la lecture : mais c'est

toujours beaucoup de s'être emparé
du premier coup d'œil, quoiqu'ensuite une revue plus exacte trouve
des critiques à faire.

C X C.

C'est la disposition & non l'état
qui caractérise les bienfaits : la vertu n'est interdite à personne. Un esclave peut être juste, courageux,
magnanime ; dès lors il peut exercer
la bienfaisance envers son maître.
Pourquoi sera-ce la personne qui
avilira l'action, & non l'action qui
ennoblira la personne ? Si toute autorité déplaît, si tout joug paroît
onéreux, quelle reconnoissance ne
doit-on pas à celui en qui l'attachement pour son maître a triomphé
de la haine naturelle de l'homme
pour la servitude ! Au lieu donc de

dire : « Ce n'est pas un bienfait,
« parcequ'un esclave en est l'au-
« teur ; le nom de bienfait ne se
« donne qu'aux services qu'on a
« rendus lorsqu'on étoit libre de ne
« les pas rendre » : disons ; C'est un
bienfait d'autant plus grand, que
la servitude même n'y a pas mis
d'obstacle.

Il est des actions que les loix n'or-
donnent & ne défendent pas aux esclaves : elles peuvent servir de matiere à leur bienfaisance. Tant qu'ils
ne font qu'exécuter ce qu'on exige
d'eux, c'est une fonction ou un devoir : s'ils l'excedent, c'est un bienfait ; ils prennent alors les sentiments d'un ami. Il y a des dons
qu'un maître ne peut se dispenser
de faire à ses esclaves, comme la

nourriture & le vêtement ; ce ne
sont pas là des bienfaits : mais s'il a
pour eux des attentions particulie-
res, s'il leur donne une éducation
honnête, s'il les instruit dans les
arts qu'on enseigne aux citoyens ;
voilà des bienfaits. Il en est de même
des esclaves : celles de leurs actions
qui excedent les bornes de leurs
fonctions, qui sont volontaires &
non forcées, sont des bienfaits,
pourvu qu'elles soient asez impor-
tantes pour mériter ce nom si elles
venoient d'une autre part.

C X C I.

Sous l'empire de Tibere, rien
de plus fréquent & de plus général
que la fureur des délations, plus funestes mille fois à la ville pendant
la paix, que toutes les guerres ci-

viles enfemble. On épioit les difcours de l'ivreffe, on profitoit des
aveux naïfs de la gaieté ; il n'y avoit
plus de fûreté ; le moindre prétexte
fuffifoit à la barbarie : le fort même
des accufés n'excitoit plus la curio-
fité, parcequ'il étoit toujours le même. Paulus, ancien Préteur, affiftoit
à un feftin, ayant à fon doigt le portrait de Céfar fur une pierre gravée.
Il y auroit de la petiteffe à chercher
un détour pour dire qu'il alla à la
garde-robe. Maron, fameux déla-
teur de ce temps-là, le fuivit des
yeux : mais l'efclave de Paulus le
tira du piege où l'ivreffe l'alloit faire
tomber, en lui ôtant fon anneau ;
& pendant que Maron prenoit les
convives à témoin que le portrait
de l'Empereur avoit été porté dans

un lieu obscene , & dressoit déjà son procès verbal, l'esclave montra l'anneau dans sa main. Si quelqu'un peut donner à l'un le nom d'esclave, il pourra donner celui de convive à l'autre.

CXCII.

Sous l'empire d'Auguste , les discours ne mettoient pas encore la vie en danger ; mais ils ne laissoient pas de compromettre. Rufus , de l'ordre des Sénateurs , avoit paru souhaiter , dans un souper , qu'Auguste ne revînt pas sain & sauf d'un voyage dont il faisoit les préparatifs ; ajoutant que les taureaux & les veaux faisoient le même vœu. Ce propos fut écouté attentivement par quelques convives. Le lendemain de grand matin, l'esclave qui avoit été à ses pieds, lui rend compte des discours que l'ivresse lui avoit fait tenir la veille ; il l'exhorte à préve-nir César, en se dénonçant lui-mê-me. Rufus, sur cet avis, se présen-tant à l'Empereur comme il descen-doit de son palais, lui dit qu'il avoit perdu la raison la veille ; proteste qu'il desiroit que le mal qu'il lui avoit souhaité retombât plutôt sur lui & sur ses enfants ; le conjure de lui pardonner, & de lui rendre ses bonnes graces. César l'ayant assuré qu'il y consentoit : Mais, répondit Rufus, on ne croira jamais que vous m'ayez pardonné, si vous ne m'ac-cordez quelque bienfait ; & il lui demanda une somme capable de contenter un courtisan en faveur. César, en la lui accordant, lui dit :

« Je prendrai garde, pour mon in-
« térêt, de ne jamais me fâcher con-
« tre vous ». Il est beau à Auguste
d'avoir pardonné, d'avoir joint la
libéralité à la clémence. Tous ceux
qui liront ce trait ne pourront s'em-
pêcher de louer l'Empereur ; mais
ce ne sera qu'après avoir loué l'esclave. Vous ajouterai-je qu'il fut ré-
compensé par l'affranchissement ? il
ne fut pourtant pas gratuit ; César
avoit payé sa liberté.

CXCIII.

Lisez Cicéron : vous trouverez
dans son style de l'unité, du nombre, de la délicatesse, sans qu'on
puisse dire qu'il manque de vigueur.
Au contraire, la diction d'Asinius
Pollion est cahotée, anguleuse : ses
périodes vous quittent où vous vous

y attendez le moins. Dans Cicéron,
ce sont des cadences ; & dans Pollion, des chûtes, excepté un petit
nombre de phrases dont la mesure
est fixe & le moule régulier.

CXCIV.

CITEZ-MOI un Écrivain que vous
préfériez à Fabianus. Est-ce Cicéron, dont les traités philosophiques
sont presque en aussi grand nombre
que ceux de Fabianus ? A la bonne
heure : mais on n'est pas petit pour
n'avoir pas la taille d'un géant. Est-
ce Asinius Pollion ? J'y consens encore : mais dans des matieres de
cette importance , c'est encore ex-
celler que d'être le troisieme. Nom-
mez même Tite Live , dont nous
avons des dialogues qui appartiennent autant à la Philosophie qu'à

l'Histoire ; je lui céderai encore la place. Voyez à quelle foule d'Écrivains est supérieur celui sur lequel l'emportent les trois hommes les plus éloquents de l'antiquité !

CXCV.

JE veux que le style de l'Orateur soit énergique ; celui du Poete tragique, sublime ; celui du Poete comique , plein de finesse. Mais un style trop circonspect ne sied point à un Philosophe. S'occupera-t-il d'un soin aussi futile que celui des mots ? C'est à la grandeur des choses qu'il s'est voué : l'éloquence le suit comme l'ombre, sans qu'il y pense. Ses phrases ne seront pas limées & polies dans tous leurs détails ; elles ne formeront pas un tissu artistement travaillé ; chacun de ses mots

ne sera pas une pointe qui réveillera
le lecteur : mais dans l'enfemble
vous trouverez des flots de lumiere ;
vous aurez parcouru un long efpace
fans ennui. Enfin il aura l'avantage
de vous prouver qu'il a fenti ce qu'il
a écrit. Son but n'eft pas de vous
plaire , mais de vous faire voir ce
qui lui plaît : tous fes pas tendent
aux progrès de la vertu ; ce n'eft pas
aux applaudifsements qu'il afpire.

CXCVI.

DONNER inconfidérément , c'eft
perdre de la maniere la plus hon-
teufe : il eft plus trifte d'avoir mal
placé fon bienfait , que de n'en avoir
pas été payé de retour. Le défaut de
reconnoifsance eft le vice d'un autre , mais le défaut de difcernement
eft un vice en nous-mêmes.

Tome II. M

CXCVII.

Si l'on ne fait du bien que dans l'espoir du retour, il faut mourir sans testament. Mais pour vous montrer à quel point la bienfaisance est désintéressée, nous secourons des étrangers jettés sur nos côtes par la tempête, & qui vont les quitter pour jamais ; nous fournissons à un inconnu un navire équipé pour se rembarquer après le naufrage : il part, connoissant à peine l'auteur de sa conservation ; & destiné à ne jamais nous revoir, il transfere sa dette aux Dieux ; il les conjure de s'acquitter pour lui. Quant à nous, la simple conscience d'un bienfait stérile suffit à notre bonheur.

A la fin même de notre vie, lorsque nous réglons nos dispositions teſtamentaires, faiſons-nous autre choſe que répandre des bienfaits inutiles pour nous? Cependant combien de temps employé, combien de diſcuſſions ſecretes pour régler les ſommes & les légataires! Que nous importent les ſujets de notre bienfaiſance, puiſque nous ne pouvons rien en attendre? Néanmoins jamais nos dons ne ſont plus réfléchis, ni nos jugements plus approfondis, que lorſque, dépouillés de tout intérêt perſonnel, l'honnêteté ſe montre ſeule à nos yeux. Jamais au contraire nous ne pouvons juger de nos devoirs, tant qu'ils ſont dépravés par l'eſpérance, la crainte, & la volupté, ce vice des lâches. Mais lorſque la mort fait taire toutes les paſſions, lorſqu'elle envoie

un juge incorruptible pour régler
les partages , nous choisissons les
plus dignes pour leur transmettre
nos biens : jamais nous ne réglons
mieux nos affaires que lorsqu'elles
ne nous regardent plus.

CXCVIII.

C'EST être ingrat que d'envisa-
ger un second bienfait dans l'acquit
du premier , & d'espérer encore en
restituant. J'appelle ingrat celui qui
assiste son bienfaiteur malade, parcequ'il va faire son testament ; c'est
être ingrat que de s'occuper alors
d'héritages & de legs. Il a beau remplir les fonctions d'un ami vertueux
& reconnoissant ; si l'espérance luit
à son cœur, si l'amour du gain le fait
agir , s'il jette l'hameçon, il ressemble à ces oiseaux carnassiers qui guet-

tent les troupeaux en proie à la contagion & près de périr. Il épie de
même la mort de son bienfaiteur :
c'est un vautour qui vole autour
d'un cadavre.

CXCIX.

LA fin des bienfaits est l'avantage de celui qu'on oblige, & non
le nôtre ; sans quoi c'est nous-mêmes que nous obligerions. Combien d'actions vraiment utiles aux
autres n'excitent point de reconnoissance, parcequ'elles ont l'intérêt pour motif ! Il n'y a point de
bienfaisance où se trouve l'espoir
du profit. Je donnerai tant ; je re-
cevrai tant : voilà ce qu'on appelle
un marché.

CC.

LORSQU'UN ancien Poete nous
M iij

dit que la louange eſt l'aliment des arts, il n'entend pas les éloges, qui en ſont le poiſon : car rien ne corrompt autant l'éloquence & les autres arts deſtinés aux plaiſirs des oreilles, que les applaudiſſements de la multitude.

C C I.

NE faites point parade de la philoſophie : c'eſt une vanité qui a coûté cher à bien des gens. Que la philoſophie vous corrige de vos vices, mais qu'elle n'attaque pas ceux d'autrui (1) ; qu'elle ne ſe déclare pas hautement contre les mœurs publiques ; & que, par ſa

---

(1) Voyez ſur ce conſeil la réflexion de l'auteur de la vie de Séneque, pag. 361, 362.

conduite, elle ne paroisse pas condamner tout ce qu'elle ne fait pas.
On peut être sage sans éclat, sans
indisposer le public.

CCII.

LES interprétations dépravées
de l'opinion changent la vertu en
vice. Quel autre but peut-on alors
se proposer, que le témoignage
d'une bonne conscience, ce conso-
lateur caché, qui crie plus haut que
la multitude & la renommée, qui
place tous les biens en elle-même,
qui, à la vue d'une foule opposée
de sentiments, ne compte pas les
suffrages, mais l'emporte, quoique
seule, sur tous les avis ? Lorsqu'elle
voit le châtiment de la perfidie dé-
cerné contre la probité, elle ne des-
cend pas du faîte de sa grandeur,

mais elle se tient ferme à la vue de son supplice.

CCIII.

D a n s la plupart des circonstances de la vie, on se décide pour le parti le plus probable. C'est la marche de tous les devoirs : c'est d'après ce calcul, qu'on seme, qu'on s'embarque, qu'on prend le parti des armes, qu'on se marie, qu'on éleve des enfants ; tandis que dans tous ces cas l'événement est incertain : on prend le parti qui donne le plus d'espérances. Qui est-ce qui peut promettre au laboureur une bonne récolte, un heureux voyage au navigateur, la victoire au guerrier, au mari une femme fidele, au pere des enfants vertueux ? On se laisse alors guider par la raison plu-

tôt que par l'évidence. Ne vous dé-
terminez qu'à coup sûr, ne faites
de démarches que d'après la certitude ; & vous n'agirez plus, votre
vie demeurera suspendue.

C C I V.

ON n'accorde rien aux passions
d'autrui, tandis qu'on ne refuse rien
aux siennes.

C C V.

PHILIPPE, Roi de Macédoine,
avoit un soldat courageux, dont
il avoit éprouvé les services dans
plusieurs expéditions : de temps en
temps ce Prince lui donnoit quelque
portion dans le butin pour le récom-
penser de sa valeur, encourageant
ainsi cette ame vénale par de fré-
quentes gratifications. Ce soldat fut
un jour jetté par la tempête sur les

terres d'un Macédonien : à cette nouvelle celui-ci accourut, le fit revenir à lui-même, le transporta dans sa maison de campagne, lui céda son lit, le rappella, pour ainsi dire, des portes du tombeau, le soigna pendant trente jours à ses propres dépens, &, après l'avoir rétabli, le renvoya muni de provisions pour son voyage. Le soldat l'assura plus d'une fois qu'il n'auroit pas à se plaindre de sa reconnoissance, pourvu seulement qu'il pût rejoindre son Général. Il fit à Philippe le récit de son naufrage, mais il n'eut garde de parler des secours qu'il avoit reçus ; & la premiere chose qu'il lui demanda, ce fut le bien de celui même qui l'avoit si généreusement assisté. Il arrive souvent aux

Rois, sur-tout en temps de guerre,
de donner, les yeux fermés. Un seul
homme juste n'est pas asez fort
contre tant de passions armées : il est
difficile d'être à la fois homme de
bien & bon Général : comment ras-
sasier tant de milliers d'hommes in-
satiables ? que leur donnera-t-on ,
si l'on respecte la propriété des citoyens ? Voilà sans doute ce que se
dit Philippe en mettant le soldat en
possession du bien qu'il demandoit.
Le bienfaiteur , chassé de son héritage , ne souffrit pas en silence cette
injustice , & ne fut pas asez stupide
pour se croire trop heureux de n'a-
voir pas été lui-même compris dans
la donation. Il écrivit à Philippe une
lettre courte & pleine de liberté ,
dont la lecture mit ce Prince dans

une telle colere, qu'il ordonna sur-
le-champ à Pausanias de rétablir le
premier possesseur dans ses biens ;
& de plus, de faire imprimer sur le
front de ce soldat pervers, de cet
hôte ingrat, avide jusques dans le
naufrage, des marques qui annon-
çassent son infamie. Il méritoit sans
doute qu'elles fussent gravées plutôt qu'imprimées, ce monstre qui
avoit dépouillé son bienfaiteur, &
l'avoit relégué tout nud & sem-
blable à un malheureux qui a fait
naufrage, sur ce même rivage d'où
sa compassion l'avoit tiré. Mais il
n'est pas de notre sujet d'examiner
le châtiment qu'il méritoit ; il est
au moins certain qu'il falloit lui
ôter ce qu'il avoit envahi par le plus
grand des crimes. Quelle compas-

fion pouvoit attendre un homme dont la perfidie tendoit à priver les malheureux de toute compaſſion !

CCVI.

Persuadé que la vie de ma chere Pauline tient à la mienne, je commence, par égard pour elle, à veiller à ma conſervation. Malgré le courage que la vieilleſse m'inſpire ſur d'autres points, je perds dans celui-ci l'avantage de l'âge ; je ſonge que dans ce vieillard exiſte une jeune perſonne qu'il faut ménager. Ainſi ne pouvant obtenir d'elle de m'aimer d'une façon plus courageuſe, elle obtient de moi que je m'aime avec plus de foibleſse.

CCVII.

Celui qui ſe rend aux écoles des philoſophes doit chaque jour en

<table><tr><td>Tome II.</td><td>N</td></tr></table>

remporter quelque chose d'utile ; il doit retourner ou plus sain, ou plus en état de le devenir ; & c'est ce qui ne manquera pas d'arriver. Telle est en effet la force de la philosophie, que non seulement son étude, mais son seul commerce est profitable. Il n'est pas possible qu'on ne tire quelque avantage de la société d'un philosophe, sans même qu'on y fasse attention. Pesez bien mes expressions : je dis de l'inattention, & non de la répugnance.

CCVIII.

Lorsque vous verrez un style trop étudié, trop recherché, sachez que l'esprit de l'écrivain s'est occupé de minuties. Un esprit élevé s'exprime avec aisance ; il parle avec plus d'assurance que de soin. Vous

connoissez beaucoup de jeunes gens
dont les cheveux & la barbe sont
artistement arrangés, qui semblent
sortir d'une boîte ; n'attendez d'eux
rien de grand & de solide. Le langage est le visage de l'ame : est-il
fardé, trop ajusté, trop travaillé ?
il annonce que l'ame n'est point
pure, qu'elle est souillée de quelque
vice. L'élégance affectée n'est point
un ornement qui convienne à un
homme. Songez à ce que vous avez
à écrire, & non à la maniere ; &
même occupez-vous plus de sentir
que d'écrire, afin de vous appliquer
à vous-même ce que vous aurez
senti, & de le graver dans votre
cœur.

CCIX.

LES vices & les vertus se tou-

N ij

chent : c'eſt ainſi qu'un prodigue a les apparences de la libéralité, quoiqu'il y ait une grande différence entre ſavoir donner, ou ne ſavoir pas conſerver ce qu'on a. Beaucoup de gens ne donnent pas leur bien, mais ſemblent le jetter ; je n'appelle point libéral un homme qui agit comme s'il étoit en colere contre ſon argent. La négligence reſſemble à la facilité ; la témérité, au courage. Ces reſſemblances nous obligent à prendre garde ; à diſtinguer des choſes très voiſines en apparence, mais en effet très éloignées.

C C X.

Nous ſommes preſque toujours ſurpaſſés en bienfaits par nos parents. Nous ne les avons que dans un temps où ils nous paroiſſent incommodes, où nous ne sentons pas le prix de leurs bienfaits : lorsque l'âge nous procure un peu d'expérience, lorsque nous commençons à reconnoître que leurs avis, leur sévérité, leur attention à veiller sur notre jeunesse imprudente, tous ces soins, en un mot, qui nous les rendoient incommodes, sont autant de titres pour être aimés ; c'est alors que la mort nous les enleve.

C C X I.

Le Roi Archelaüs pria Socrate de venir à sa Cour : Socrate répondit qu'il ne vouloit pas aller chez un homme dont il recevroit des bienfaits sans pouvoir les lui rendre. Cependant, en premier lieu, Socrate étoit le maître de n'en pas recevoir ; en second lieu, il eût été

N iij

le premier bienfaiteur : il venoit à
fa priere ; c'étoit un bienfait qu'Archelaüs ne pouvoit rendre. Enfin
ce Prince lui eût donné de l'or &
de l'argent ; mais il auroit reçu en
échange le mépris de l'or & de l'argent. Quoi ! Socrate n'auroit pu
s'acquitter envers Archelaüs ? Quel
bienfait eût donc été comparable
au fpectacle d'un homme qui favoit
vivre & mourir, qui connoiffoit les
limites de ces deux fciences ? Quel
bienfait, s'il eût initié ce Prince aux
myfteres de la Nature, ce Prince
aveugle même en plein jour, & fi
peu versé dans la phyfique, que pendant une éclipfe il fit fermer fon palais & rafer fon fils, comme on le
pratiquoit dans les temps de deuil
& de calamité ! Quel bienfait, s'il

l'eût tiré tremblant du lieu où il
s'étoit caché, & lui eût relevé le
courage, en lui difant : « Ce n'eft
« point ici une extinction du foleil,
« ce n'eft que la rencontre de deux
« aftres, qui a lieu quand la lune,
« qui décrit une route moins élevée
« que le foleil, paffe au - deffous
« de cet aftre, vient à couvrir fon
« difque, & le dérobe à nos yeux.
« Tantôt elle n'en cache qu'une lé-
« gere portion, quand elle ne fait
« que l'effleurer à fon paffage : tan-
« tôt elle en couvre une partie plus
« confidérable, quand l'interpofi-
« tion eft plus forte : tantôt elle en
« interdit totalement la vue, quand
« le difque lunaire paffe directe-
« ment entre la terre & le foleil.
« Dans un moment ces deux aftres

« vont, par leur vîtesse, être em-
« portés en sens contraire ; dans un
« moment la terre va recouvrer la
« lumiere ; & cet ordre subsistera
« pendant tous les siecles, à l'ex-
« ception de quelques jours fixes &
« prévus, où l'interposition de la
« lune empêchera les rayons solai-
« res de parvenir jusqu'à nous. En-
« core un moment, & l'émersion
« va se faire, l'astre du jour va quit-
« ter son nuage, &, délivré de tout
« obstacle, il lancera librement ses
« rayons. »

Quoi ! Socrate ne se seroit pas ac-
quitté envers Archelaüs, s'il lui eût
appris à régner ? C'eût été un bienfait modique de mettre Archelaüs
à portée de devenir le bienfaiteur
de Socrate ? Que signifioit donc la

réponse du Philosophe ? Il aimoit la raillerie, & parloit presque toujours d'un style figuré. Accoutumé à jetter du ridicule sur tous les hommes, & sur les Grands en particulier, il aima mieux refuser en plaisantant, que d'une maniere arrogante : il dit donc qu'il ne vouloit pas recevoir de bienfaits d'un homme à qui il ne pouvoit en faire éprouver. Peut-être craignit-il d'être forcé de recevoir contre son gré : peut-être craignit-il d'accepter des présents peu dignes de Socrate. On dira qu'il étoit le maître de refuser : mais alors il eût irrité contre lui un Monarque arrogant, qui vouloit qu'on attachât le plus grand prix à tous ses bienfaits. Voulez-vous savoir ce que Socrate refusa réelle-

ment ? il refufa d'aller chercher une
fervitude volontaire , lui dont la
liberté parut infupportable même à
une république.

CCXII.

L'ACTION ne fait qu'exercer &
manifefter la méchanceté ; elle ne
la fait pas naître. Ainfi un voleur
l'eft, avant même de commettre un
vol.

CCXIII.

VOULEZ-VOUS favoir pour-
quoi la vertu n'a befoin de rien ?
c'eft qu'elle jouit de ce qu'elle a,
fans defirer ce qui lui manque : tout
eft grand pour elle, parceque tout
lui fuffit. Écartez-vous de cette maniere de juger, & c'en eft fait des
fentiments de la nature, & de la
probité dans le commerce des hom-

mes; on ne peut remplir ces devoirs
sans souffrir beaucoup de ce qu'on
appelle des maux, & sans faire le
sacrifice d'une grande partie de ces
biens prétendus dans lesquels nous
nous complaisons: c'en est fait du
courage, qui ne vit que d'épreuves
& de périls: c'en est fait de la grandeur d'ame, qui ne peut s'élever à
son comble qu'en méprisant comme chétifs les objets que le vulgaire
souhaite comme très importants:
c'en est fait de la reconnoissance,
& de ses démonstrations. On calcule
ses peines, du moment où l'on connoît quelque chose de préférable à
la vertu, où l'on cesse d'aspirer à la
perfection.

CCXIV.

La sagesse ne peut pas plus détruire les défauts naturels de l'ame, que ceux du corps. Ces affections profondes & innées, l'art les corrige, mais ne les déracine pas. La sagesse, comme je l'ai dit, n'y peut rien : elle auroit la nature à ses ordres, si elle extirpoit tous les vices. Ceux qui dépendent du tempérament, & du mélange des humeurs, subsisteront malgré les plus longs efforts de l'ame sur elle-même : on ne peut ni se les donner, ni se les ôter.

C C X V.

La gaieté n'a que des accès passagers, qui dérident le front, sans pénétrer le cœur. L'homme heureux n'est pas l'homme qui rit, mais celui dont l'ame, pleine d'alégresse & de confiance, est supérieure aux événements. Croyez-moi, c'est une chose sérieuse que la véritable joie.

CCXVI.

Il y a des yeux tellement accoutumés aux ténebres, qu'ils voient trouble au grand jour.

CCXVII.

On peut voir ses amis, quoique absents, & les voir aussi souvent, aussi long-temps qu'on le veut. Ce plaisir, le plus grand de tous, on le goûte encore mieux quand on est éloigné. La présence nous rassasie : après avoir quelquefois conversé ensemble, assis ou en se promenant, une fois séparés, l'on se croit dispensé de songer à l'ami qu'on vient de quitter. Ce qui doit nous faire supporter l'absence avec moins de regret; c'est que, pour être absents,

Tome II.   O

deux amis n'ont pas befoin d'être éloignés. Comptez d'abord les nuits pendant lefquelles ils sont féparés, ensuite les occupations qui les appellent chacun de fon côté, puis les études folitaires, les voyages à la campagne; & vous verrez que l'éloignement nous prive de peu de chofe.

C'eft dans le cœur qu'il faut pofféder fon ami : là, jamais d'abfence; l'ami qu'on defire, on peut le voir tous les jours.

CCXVIII.

LE premier soin d'un Prince qui punit, doit être de prouver que fa févérité eft défintéreffée.

CCXIX.

LE fouvenir d'un ami me plaît toujours, même après fa mort. Quand

je le possédois, je m'attendois à le
perdre : après l'avoir perdu, je crois
encore le posséder.

CCXX.

EN fait de lectures, la continuité
seule est profitable ; la variété n'est
qu'amusante.

CCXXI.

LA colere des enfants & des femmes a plus de vivacité que de force.
Les vieillards sont plutôt chagrins
& grondeurs que coleres, de même
que les malades, les convalescents,
& ceux dont la chaleur a été épuisée
par la fatigue ou par la perte de leur
sang.

CCXXII.

SI quelqu'un des détracteurs de
la philosophie vient me dire, sui-
vant la coutume : Pourquoi votre

conduite ne répond-elle pas à vos
discours ? pourquoi ce ton soumis
avec vos supérieurs ? pourquoi re-
gardez-vous l'argent comme une
chose nécessaire, & sa perte comme
un malheur ? pourquoi ces larmes,
quand on vous annonce la mort de
votre femme ou de votre ami ? d'où
vient cet intérêt que vous prenez à
votre réputation ; ces impressions
que vous font les traits de la satire ?
pourquoi vos terres sont-elles plus
cultivées que ne l'exigent vos besoins naturels ? pourquoi vos repas
ne sont-ils pas conformes à vos préceptes ? pourquoi ces meubles écla-
tants, ces vins plus vieux que vous-
même, ces projets innombrables,
ces arbres qui ne produisent que de
l'ombre ? pourquoi votre femme

porte-t-elle à ſes oreilles la fortune
d'une maiſon opulente ?

Ajoutez, ſi vous voulez, pourquoi ces poſſeſſions au - delà des
mers ; ces biens que vous ne con-
noiſſez pas vous-même ? il eſt également honteux, & de ne pas connoître vos eſclaves, ſi vous en avez
peu, & d'en avoir tant que votre
mémoire n'y puiſſe ſuffire.

Je vous aiderai moi-même dans
vos reproches, & je vous en ſuggé-
rerai auxquels vous ne penſez pas ;
mais je me borne à vous répondre
pour le préſent. Je ne ſuis pas encore un Sage ; & même, pour laiſſer
toujours quelque aliment à votre
ſatire, je ne le ſerai jamais. Je ne me
propoſe pas d'égaler les plus vertueux, mais de ſurpaſſer les mé-

chants. Il me suffit de retrancher
chaque jour quelque chose de mes
défauts, & de faire la guerre à mes
erreurs. Je n'ai point recouvré la
santé, je ne la recouvrerai même
jamais ; je cherche plutôt des pal-
liatifs que des remedes pour ma
goutte, content si les accès en sont
moins fréquents & moins doulou-
reux. Je sens bien qu'auprès de vous
je ne suis qu'un foible coureur.

CCXXIII.

LA colere n'est pas un aiguillon
pour la bravoure militaire ; elle n'est
utile ni à la guerre ni dans les combats : la vertu seroit bien malheureuse si la raison avoit jamais besoin
du secours des vices. Le courage le
plus sûr est celui qui regarde long-
temps autour de soi, qui se met à

couvert, qui ne s'avance que lentement & de deſſein prémédité.

C C X X I V.

LORSQUE Xerxès, ce Roi ſi or-
gueilleux, déployoit ſon armée ſur
un terrein immenſe, & meſuroit (1)
le nombre de ſes ſoldats qu'il ne
pouvoit compter, il verſa des larmes, en penſant que de cette multitude d'hommes à la fleur de l'âge,
il n'en reſteroit pas un ſeul dans
cent ans. Mais ce Prince, qui pleu-
roit ainſi, conduiſoit lui-même à
la mort, & alloit faire périr en très
peu de temps ſur terre, ſur mer,
dans les combats, ou par la fuite,
ces mêmes hommes pour leſquels

---

(1) Conſultez ici Hérodote, liv. 7,
§. 60, édit. Weſſeling.

il craignoit la centieme année.

C C X X V.

Il y a bien plus de vigueur &
de fermeté à n'être pas vaincu qu'à
n'être point attaqué. Je ne sais même si la sagesse ne montre pas plus
de force par sa tranquillité au milieu
des assauts qu'on lui livre ; elle ressemble alors à un Général à la tête
d'une armée, qui se trouve en sûreté jusques dans le pays ennemi.

C C X X V I.

Il est honteux de mourir en cal-
culant son argent, & d'apprêter à
rire à un héritier qu'on a fait long-
temps attendre.

C C X X V I I.

Caton vivoit dans un siecle
exempt de préjugés, & où les esprits
étoient très éclairés. Combattant

seul contre l'ambition, ce monſtre qui sait prendre tant de formes ; contre le deſir effréné du pouvoir que ne pouvoit aſſouvir l'univers divisé en trois parts ; contre les vices d'une ville dégénérée, & qui s'affaiſsoit sous ſa propre maſse : il ſoutint la République dans ſa chûte, autant qu'elle pouvoit être ſoutenue par une ſeule main, juſqu'à ce qu'emporté ou entraîné lui-même il s'enſevelit sous les ruines. L'on vit périr enſemble ce qui n'avoit pu ſe ſéparer ſans crime ; Caton ne put ſurvivre à la liberté, ni la liberté ſurvivre à Caton.

C C X X V I I I.

JE n'ai jamais voulu plaire au peuple, diſoit Epicure, car ce que je ſais n'eſt pas de ſon goût ; & ce

qui est de son goût, je ne le sais
pas.

CCXXIX.

On est maître de ne pas accepter
ce qu'on rougit de devoir.

CCXXX.

Il faut corriger par la douleur
physique & morale les ames que le
vice a dépravées : mais il faut que
les châtiments soient administrés
par la raison, & non par la passion.
Alors ils ne sont point des maux,
ils n'en ont que l'apparence ; ce sont
de vrais remedes.

CCXXXI.

La seule différence entre le Médecin & le Magistrat, c'est que le
premier procure une mort douce à
ceux dont il ne peut prolonger les
jours ; le second au contraire fait

fortir de la vie le coupable avec
honte & ignominie : ce n'eft pas
que le châtiment d'autrui ait pour
lui des charmes (loin du sage une
pareille férocité !) ; mais c'eft afin
qu'il devienne un exemple pour le
public, & que ceux qui n'ont pas
voulu fe rendre utiles à la fociété
par leur vie, lui foient au moins
utiles par leur mort.

CCXXXII.

Vous parlez d'une façon, & vous
vivez d'une autre ! Ames perverfes,
ennemiés de tout bien, apprenez
que ces reproches ont été faits aux
Platon, aux Epicure, aux Zénon !
Ces grands hommes enfeignoient
comment il falloit vivre, & non
comment ils vivoient. Ce n'eft pas
de moi que je parle, c'eft de la ver-

tu r & lorsque je fais le procès aux vices, je commence par les miens; quand je le pourrai, je vivrai comme je le dois. Votre malignité, avec tout son fiel, ne me détournera pas de la vertu, ne m'empêchera pas de continuer à louer la conduite qu'il faut tenir, plutôt que celle que je tiens ; d'adorer la vertu, & de me traîner de loin sur ses traces. Attendrai-je qu'il y ait quelque chose d'inviolable pour une malignité qui n'a pas même respecté Rutilius & Caton ? Peut-on ne pas paroître trop riche à des gens qui n'ont pas trouvé que Demetrius le Cynique fût assez pauvre ? Cet homme intrépide, luttant sans cesse contre tous les besoins de la nature, plus pauvre que tous les autres Cyniques

parcequ'en s'interdisant la possession, il s'interdisoit encore la demande ; hé bien ! voilà l'homme
qu'on ne trouve pas assez indigent.
Cependant s'il y avoit quelque reproche à lui faire, ce seroit d'avoir
plutôt fait profession de pauvreté
que de vertu.

Le nom seul d'un homme recom-
mandable par un mérite éclatant
vous fait japper comme de petits
chiens à la rencontre d'un inconnu ;
il est intéressant pour vous que personne ne paroisse homme de bien,
comme si la vertu d'autrui étoit le
reproche de vos crimes ; le paral-
lele de leur vertu avec votre bas-
sesse est un supplice pour vous.
Vous entendez mal vos intérêts : si
les partisans de la vertu sont avares,

Tome II. P

débauchés, ambitieux, qu'êtes-vous
donc, vous à qui le nom même
de la vertu est odieux ? Vous les
accusez de ne pas conformer leur
conduite à leurs leçons : qu'y a-t-il
de surprenant, puisque ces leçons
fortes & sublimes sont capables de
mettre au-dessus des tempêtes de la
vie ; puisqu'ils travaillent à se déta-
cher de leurs croix, tandis que chacun de vous enfonce tous les jours de
nouveaux clous dans les siennes. Les
malheureux, forcés d'aller au supplice, ne sont attachés qu'à un seul
gibet ; mais ces insensés qui se punis-
sent eux-mêmes ont autant de croix
que de passions ; & cependant leur
malignité médisante trouve encore
à s'égayer sur le compte des autres.

Les Philosophes ne font pas ce

qu'ils difent ; cependant ils nous sont très utiles en nous parlant, en produifant des pensées honnêtes. S'ils agifsoient comme ils parlent, quelle félicité seroit préférable à la leur ? mais, en attendant, des difcours vertueux, des fentiments louables, ne sont pas des objets à dédaigner. Les études utiles méritent notre eftime, indépendamment même de la pratique : eft-il étonnant que, par des routes fi difficiles, ils ne s'élevent pas jufqu'au fommet ? Ces grands hommes, dans leur chûte même, sont admirables par la hardiefse de leur entreprife. Il y a de la noblefse à confidérer moins fes propres forces que celles de la nature, à tenter les efforts les plus pénibles, à concevoir des pro-

jets au-deſsus de la portée des ames
les plus hautes. Qu'eſt-ce que ſe
propoſe un tel homme ? « Je veux,
« dit-il, voir arriver la mort avec
« autant de fermeté que j'en en-
« tends parler : je me réſignerai aux
« travaux, quels qu'ils ſoient : mon
« ame ſoutiendra mon corps chan-
« celant : je mépriſerai les richeſses
« préſentes comme abſentes, ſans
« être ni plus triſte pour les ſavoir
« ailleurs, ni plus fier pour les voir
« autour de moi. Que la fortune
« vienne à moi, qu'elle me quitte ;
« je ne m'en appercevrai pas : je
« verrai toutes les terres des autres
« comme ſi elles m'appartenoient,
« & toutes les miennes comme ſi
« elles appartenoient à d'autres. Je
« vivrai, perſuadé que je ſuis né

« pour les autres, & j'en rendrai
« graces à la nature. Que pouvoit-
« elle faire de mieux pour moi ?
« elle m'a fait naître pour tout le
« monde, & tout le monde pour
« moi. Les biens que je pourrai
« posséder, je ne les garderai point
« en avare, je ne les dissiperai point
« en prodigue : je ne croirai vrai-
« ment jouir que de ce que j'aurai
« donné avec discernement. Je ne
« compterai pas mes bienfaits, je
« ne les peserai pas, je les apprécie-
« rai d'après le mérite de celui qui
« les recevra : s'il en est digne, je
« ne croirai pas avoir fait beaucoup.
« Je ne prendrai jamais l'opinion,
« mais ma conscience, pour regle
« de mes actions ; mon propre té-
« moignage vaudra pour moi celui

« de tout un peuple. Mon but en
« buvant & mangeant sera de fa-
« tisfaire les befoins de la nature,
« & non pas de remplir & de vui-
« der mon eftomac. Je me rendrai
« agréable à mes amis, doux & trai-
« table avec mes ennemis ; ils me
« fléchiront avant de me demander
« pardon ; j'irai au-devant des de-
« mandes honnêtes. Je faurai que
« le monde eft ma patrie ; que les
« Dieux la gouvernent ; qu'ils sont
« au-deſsus de moi, & qu'ils m'en-
« vironnent ; qu'ils ont les yeux ou-
« verts fur toutes mes paroles &
« mes actions. Quand la nature re-
« demandera mon ame, je sorti-
« rai de la vie en aſsurant que j'ai
« toujours chéri la vertu & les oc-
« cupations honnêtes ; que je n'ai

« fait aucun tort à la liberté de per-
« sonne, encore moins à la mien-
« ne. »

Se proposer un tel but, vouloir
y parvenir, le tenter, c'est s'ache-
miner vers les Dieux : si l'on ne
s'éleve jusqu'à eux, au moins on
tombe de haut. O vous qui haïssez
la vertu & ses adorateurs, vous ne
faites rien de nouveau. Les yeux malades craignent le soleil, & l'éclat
du jour est odieux aux animaux noc-
turnes ; ils s'enfuient dès qu'il paroît, regagnent leur cachette, & se
blottissent dans quelque fente té-
nébreuse. Gémissez donc, exercez
votre malheureuse langue à outra-
ger les gens de bien ; poursuivez,
mordez, vous vous casserez plutôt
la dent que de l'enfoncer. Pourquoi

cet homme, qui fe donne pour Philofophe, vit-il dans l'opulence ? Il
dit que les richeſſes ſont méprifa-
bles ; pourquoi en poſſede-t-il ? Il
regarde la vie comme indifférente,
& cependant il vit : la ſanté n'eſt
pas un bien à ſes yeux, & pourtant
il eſt très attentif à la conſerver de
ſon mieux. A l'entendre, l'exil n'eſt
qu'un vain nom : le grand malheur,
dit-il, de changer de pays ! Eh bien !
laiſſez-le faire, il vieillira dans ſa
patrie. Il ne trouve pas de différence
entre la vie la plus longue & la plus
courte, cependant il cherche à prolonger la ſienne, & parvient tran-
quillement à une vieilleſſe pleine
de vigueur.

Quand il dit qu'on doit mépriſer tous ces objets, ce n'eſt pas pour

s'en priver, mais pour en jouir fans inquiétude ; il ne les rejette point, mais il les suit lorfqu'ils s'en vont. Où la fortune peut-elle placer plus fûrement les richeffes que chez un dépofitaire qui les lui reftituera fans fe plaindre ?

Le Sage ne fe regarde pas comme indigne des biens de la fortune : il n'aime pas les richeffes, mais il les préfere ; il ne leur ouvre pas fon cœur, mais fa maifon ; il ne les rejette pas, mais il en modere l'ufage ; il n'eft pas fâché qu'il fe préfente une occafion de plus d'exercer fa vertu.

Peut-on douter que le Sage ne trouve plus d'occafions de déployer fon ame dans l'opulence que dans la pauvreté ? Dans celle-ci il ne montre qu'une efpece de vertu, qui

consiste à ne point se laisser abattre
ni terrasser : dans les richesses, au
contraire, la tempérance, la libéralité, l'économie, la distribution
des bienfaits, la magnificence, trouvent un champ libre pour s'exercer.
Le Sage ne se méprisera pas pour
être d'une petite taille ; mais il pré-
férera une haute stature : il n'en sera
pas moins sage pour être maigre &
privé d'un œil ; mais il aimera mieux
avoir un corps robuste : il n'oublie-
ra point pour cela qu'il possede en
lui-même un bien plus estimable.
Il supportera la mauvaise santé,
mais il souhaitera la bonne. Il y a
des avantages qui, tout modiques
qu'ils sont eux-mêmes, & sans in-
fluer sur le bien principal, ajoutent
cependant quelque chose au conten-

tement perpétuel qui naît de la vertu. Les richesses causent au Sage la
même satisfaction qu'au navigateur
un vent heureux & favorable, qu'à
tous les hommes un beau jour, &
un lieu propre à garantir des frimas
de l'hiver. Est-il un Sage, je parle
des nôtres pour lesquels l'unique
bien est la vertu, qui nie que les
avantages mêmes que nous appellons indifférents, n'aient quelque
prix, & ne soient préférables les uns
aux autres? Il y en a quelques uns
auxquels on accorde un peu de con-
sidération, & à d'autres davantage.
Ne vous y trompez donc pas, les
richesses sont au nombre des choses
qu'on préfere.

Pourquoi donc, direz-vous, se
moquer de moi, puisqu'elles tien-

nent dans votre efprit le même rang
que dans le mien ? Voulez -vous
fentir la différence qui fe trouve
entre nous ? Si les richeffes m'échappent , elles ne m'ôteront rien, que
leur poffeffion ; au lieu que fi elles
vous quittent , vous demeurerez
accablé & comme arraché à vous-
même. Les richeffes occupent une
place chez moi, chez vous elles occupent la premiere. En un mot, elles
m'appartiennent, & vous leur ap-
partenez.

Ceffez donc d'interdire les richeffes aux Philofophes ; on n'a
jamais condamné la fageffe à la
pauvreté. Le Sage aura d'amples
richeffes , mais elles n'auront été
dérobées à perfonne ; elles ne seront
pas souillées du fang des autres ;

elles ne seront point le fruit de l'injustice ni d'un gain sordide ; elles
pourront sortir de chez lui d'une
façon aussi louable qu'elles y seront
entrées ; il n'y aura que la malignité
qui en pourra gémir. Accumulez-
les tant que vous voudrez ; si elles
sont honnêtes, on pourra les con-
voiter, mais on ne pourra pas les ré-
clamer. Le Sage ne repoussera point
les faveurs de la fortune : un patrimoine acquis par des voies légiti-
mes ne le rendra pas plus vain , &
ne le fera pas rougir. Il éprouvera
même une noble fierté, si, en ou-
vrant sa maison pour y faire entrer
ses concitoyens, il peut leur dire
avec assurance : Que chacun emporte d'ici ce qu'il reconnoît lui ap-
partenir. Il sera grand au milieu de

ſes richeſſes, ſi l'effet répond à cette invitation, ſi après l'examen il n'en devient pas plus pauvre. Oui, je le répete, s'il ſoutient ſans crainte les recherches du peuple, ſi l'on ne trouve chez lui rien ſur quoi jetter la main, il aura la hardieſſe d'être riche même aux yeux de l'univers.

CCXXXIII.

LE devoir de l'homme eſt d'être utile aux hommes, à un grand nombre s'il le peut, ſinon à un petit nombre, ſinon à ſes proches, ſinon à lui-même : en ſe rendant utile à soi-même il travaille pour les autres. Comme l'homme vicieux ne nuit pas ſeulement à lui-même, mais encore à ceux auxquels il eût pu être utile s'il eût été vertueux : de même en travaillant pour soi on

travaille aussi pour les autres, puisqu'on leur forme un homme qui
pourra leur être utile.

CCXXXIV.

LA condition des Rois n'est pas la
même que celle des hommes cachés
dans la foule, & qui n'en sortent
pas. Les vertus des particuliers, pour
se produire, ont long-temps à lutter,
& leurs vices sont entourés de ténebres : mais la renommée, qui se
rend à peine l'esclave des Princes,
même de leur vivant, recueille toutes leurs actions & toutes leurs paroles. Aussi personne ne doit prendre plus de soin de sa réputation que
ceux qui, soit en bien, soit en mal,
en auront une fort étendue.

CCXXXV.

LES honneurs, les monuments,

tout ce que l'ambition peut faire en faveur des héros, tous les trophées qu'elle leur éleve, sont bientôt renversés ; mais le temps n'a aucun pouvoir sur ceux que la sagesse a réndus sacrés : rien ne peut leur nuire ; aucune durée n'en effacera ni n'en affoiblira le souvenir ; & le siecle qui la suivra, & les siecles qui s'accumuleront les uns sur les autres, ne feront qu'ajouter encore à la vénération qu'on aura pour eux.

F I N.

APPROBATION.

J'AI lu, par ordre de Monseigneur le Garde des Sceaux, les PENSÉES MORALES DE SÉNEQUE & le DISCOURS PRÉLIMINAIRE ; & je crois qu'on en peut permettre l'impression. A Paris, ce 29 Juillet 1782.

GUYOT.

9 782329 250403